系统视域下辽宁创新能力研究

邢军伟　著

东北大学出版社

·沈　阳·

ⓒ 邢军伟　2018

图书在版编目（CIP）数据

系统视域下辽宁创新能力研究 ／ 邢军伟著. — 沈阳：
东北大学出版社，2018.6
　ISBN　978-7-5517-1899-8

　Ⅰ．①系…　Ⅱ．①邢…　Ⅲ．①区域经济－国家创新系
统－研究－辽宁　Ⅳ．①F127.31

中国版本图书馆 CIP 数据核字（2018）第 137397 号

出　版　者：东北大学出版社
　　　　　　地址：沈阳市和平区文化路三号巷 11 号
　　　　　　邮编：110819
　　　　　　电话：024-83683655（总编室）　83687331（营销部）
　　　　　　传真：024-83687332（总编室）　83680180（营销部）
　　　　　　网址：http://www.neupress.com
　　　　　　E-mail：neuph@neupress.com
印　刷　者：沈阳市第二市政建设工程公司印刷厂
发　行　者：东北大学出版社
幅面尺寸：170mm×240mm
印　　张：10.5
字　　数：188 千字
出版时间：2018 年 6 月第 1 版
印刷时间：2018 年 6 月第 1 次印刷
组稿编辑：孟　颖
责任编辑：潘佳宁
责任校对：罗　鑫
封面设计：潘正一
责任出版：唐敏志

ISBN　978-7-5517-1899-8　　　　　　　　　定　价：59.00 元

序 言

　　创新是经济增长的发动机，从发展实践来看，世界的经济中心总是随着技术中心的转移而转移。现今科技资源、科技成果、科研方式等都呈现出显著的区域化集聚特征，国家的竞争力在很大程度上取决于区域的竞争力，创新区域发展是落实国家创新战略的现实途径。区域的竞争优势则来源于区域创新能力的提升，近年来，区域创新能力已经成为支撑地区经济增长、提高产业整体竞争力的基础性条件，成为全球化条件下决定区域参与国际产业化分工地位的关键性因素。推进区域层面的科技创新，大幅度提高区域创新能力，逐步实现从要素驱动型增长向创新驱动型增长的转变，是调整区域经济结构、转变区域增长方式的关键举措，是提高区域竞争力的重要保障，是促进区域经济、社会健康和可持续发展的迫切要求。

　　从国内来看，不断变化的经济形势使得区域创新系统研究日益重要。在国家创新系统建设过程中，各地区逐步认识到区域创新系统建设的重要性和紧迫性，纷纷加快步伐，进一步推进了本地区区域创新系统的建设和完善。2004年1月18日，在深圳市召开的高新技术产业工作会议上，出台了《关于完善区域创新体系，推动高新技术产业持续快速发展的决定》，此后，上海、江苏和浙江等也先后制定了相关政策，启动其区域创新系统建设项目。

　　2016年，辽宁老工业基地的经济出现负增长，引发广泛关注。诚然，"新东北现象"有新常态、三期叠加、周期性调整等全国共性因素的影响，但相对于其他省、市，东北成为全国四大板块中经济总体指标最低的区域，辽宁排名靠后，这可能就是由于自身个性因素所导致的。具体而言，一是主观上，"顶着面子上难看的压力，认真地挤压水分"；二是客观上，传统产业和产品仍占大头，"原"字号、"初"字号产品居多，区域的创新驱动发展能力不足，导致结构调整和升级转型仍在爬坡过坎。作为工业大省、科教大省和人才大省，辽宁具有良好的科技创新资源，拥有在国家层面具有影响力的装备制造、石化、钢铁等产业以及一大批"国"字号企业、高校和科研院所。成批次的科技创新"国家队"和密集的智力资源，为辽宁实施创新驱动发展战略提供了良好的基础和条件。但在中国科学院大学、中国科技发展战略研究小组及中国创新创业管理研究中心共同发布的《中国区域创新能力评价报告2017》中，辽宁仅排在第十七位，与2016年相比，下降了6位，且综合科技创新水平指数低于全国平均水平。总体而言，辽宁在创新驱动发展、提升区域创新能力上主要存在七大问题：一是科技资源优势有所弱化，与先进省、市的差距逐步拉大；二是科技创新产出水平不高；三是企业创新能力有待提升，产业核心技术依赖进口；四是产学研合作活跃度不高，合作层次较低；五是科技成果本地转化率很低，技术转移"外溢"现象突出；六是区域科技发展不平衡，中心城市辐射带动作用发挥不够；七是科技管理体制机制创新有待突破，崇尚创新创业的社会文化尚未形成。全面提升科技创新能力，实现创新驱动发展已成为辽宁必然的战略选择。

习近平总书记指出，"发展是第一要务，人才是第一资源，创新是第一动力。中国如果不走创新驱动道路，新旧动能不能顺利转换，是不可能真正强大起来的，只能是大而不强。强起来靠创新，创新靠人才。"建设区域创新系统，最大限度地提高创新效率，降低创新成本，使创新所需的各种资源得到有效整合和利用，各种知识和信息得到合理的配置和使用，是辽宁由"工业大省、科教大省、人才大省"向"工业强省、科教强省、人才强省"转变，大幅度提高创新能力和竞争力，实现辽宁老工业基地全面振兴的根本途径。本书以创新系统的相关理论为基点，对区域创新系统理论及其最新进展进行梳理，从理论上探讨与界定区域创新系统的构成、运行机制与调控。从系统构成与要素中的城市创新、产业创新、企业创新、科研院所创新以及政策体系支撑等角度，对辽宁区域创新能力进行多维度分析以及分类特征的总结，对辽宁区域创新系统的能力与运行进行深入评价与分析，并探讨制约辽宁区域创新能力提升的影响因素，提出辽宁区域创新能力提升的思路及相应的对策。相关内容一方面可以充实区域创新系统的理论研究；另一方面寻求优化辽宁区域创新系统及能力提升的对策思路，使得所研究的问题不仅仅停留在理论层面，同时能够为实践提供一定的依据和指导。

　　当然，作为一名年轻的学者，书中在理论观点以及实证建议上难免存在这样或那样的不足，并且辽宁的创新发展和新一轮振兴是一个长期过程，希望今后能进一步深入研究，不断推出相关成果。

周永生

2018 年 5 月

目 录

第一章　创新系统的基本理论

　　创新是一个民族进步的灵魂，是国家兴旺发达的不竭动力，一定程度而言，创新活动与人类社会的产生与发展同步。当今世界，国家和地区间的竞争越来越表现为科技的竞争，突出表现为自主创新能力的竞争。提高区域的系统创新能力是推进地区经济持续稳定增长的重要途径，也是国家经济发展战略的重要内容。

一、创新及其理论演化

（一）创新的理论内涵

　　1. 创新概念的提出

　　创新一词源于拉丁语，意为"引入某种新东西"。《韦氏词典》对这个词的解释是：引入新东西和制造变化。《朗文当代英语词典》对创新的解释有新思想、新方法或发明和新思想或新方法的引入。《现代汉语词典》关于创新有"抛开旧的，创造新的"和"创造性及新意"两种解释。《辞海》里讲"创"是"始造之也"，是首创、创始之义；"新"是"初次出现，与旧相对"。

　　创新主要有三层含义：一是抛开旧的，创造新的；二是在现有的基础上改进更新；三是指创造性、新意。创新一词是现阶段社会各个层面使用最频繁的热点词汇之一，并由此应用扩展出众多词汇，如观念创新、理论创新、科学创新、体制创新、市场创新和组织创新等。

　　从理论研究上看，创新这一概念较早见于美籍奥地利裔经济学家熊彼特的创新理论。1912 年，熊彼特在《经济发展理论》一书中对"创新"一词给出了一套较为详细的概念，认为"创新"是指"新的生产函数的建立"，即"企业对生产要素的新的组合"。在他的论述中，创新是一种生产函数的改变，其

1

中生产要素和条件构成了方程中的变量，不同的组合方式就是方程中的系数，系数的改变会导致因变量的改变。1934 年，熊彼特在《资本主义、社会主义和民主》《经济周期》中对"创新"进行了更加具体、全面的概括和应用，针对资本主义的特质指出了通过创新拉动经济的增长是其长期以来得以生存的根本。这里所提到的创新，并不是生产出一种从来没有过的物品，而是通过对已有元素进行重新整合，形成一个从未有过的机制并将其用于实践。这种类型的创新才是推动社会发展的核心力量。熊彼特通过研究发现，这种通过组合排列的新模式往往具有以下几种不同的形式：第一，新型产品的研发。新生产出来的产品是通过技术或理念的革新而生的。第二，生产方法。相对于产品创新，方法的创新具有更大的意义，新的生产方法相当于从本质上改变了创新的手段，同时新的生产方法不拘泥于产品的开发，同样包括营销的手段。第三，市场的开发。在现有市场的基础上，开发出具有需求产品的新市场也是一种创新。第四，从生产原料入手，寻找替代能源或开发新的原料供应途径。第五，从组织管理方面实现创新。熊彼特指出，创新通常是由有胆识、敢于承担风险的具有组织实干才能的企业家进行和实现的，实验室的科学家通常不是创新者。创新与发明、实验不同，发明和实验本身并不能对经济生活造成直接影响，只有当一种发明成功地应用于经济活动时，才是创新。创新的发生及其作用的发挥是蜂聚在某些时间里，并非以某种连续的方式进行分配的。一个企业因为创新而获得超额利润时，其他企业会群起模仿；一个企业家创新成功会吸引越来越多的追随者，利用"新组合"进行生产的人数会不断增加，以分享这种创新所带来的超额利润，这种"蜂聚式"使得创新具有集群性。

熊彼特这种"生产函数变动"的创新理论突破了以往创新定义仅为技术变化的局限，不仅将创新的领域由新产品、新型材料及方法引申到了制度、管理及市场等不同领域，同时还有效地将生产要素与方式的变革纳入到经济发展中，突破了古典经济学将资本、人口、利润、工资和地租等数量上的变化作为经济发展唯一要素的局限性。熊彼特将创新与生产体系紧密相连，指出创新发生的多种途径和蜂聚式的集群性，是推动社会进步、实现产业突变的重要"内在因素"，即不断地从内部革新社会经济结构，不断破坏旧的、创造新的经济结构。熊彼特的研究对创新理论的进步发展产生重要的影响，具有独辟蹊径的革命性的、里程碑式的意义。

2. 创新与发明、创造的区别

（1）创新与发明。熊彼特在《经济发展理论》中首次将创新与发明做了区分。他认为创新必须有别于发明，企业家运用组合可以没有发明，而发明不一定导致创新，不一定有经济结果。企业家的职能就是把新发明引入生产系统，创新是发明的第一次商业化应用。由此可以看出，创新与发明的区别有四点：其一，目的性差别。发明目的是新技术的创造或改进，而创新的目的在于获取商业价值或经济利润。其二，主体性差别。发明是新产品、新方法等技术方案在全社会范围内的首次提出，因此，一项发明在各个企业不同程度的应用可以引起众多的创新，创新的主体可以有很多个，但是发明人只有一个。其三，阶段性差别。如果创新是由发明的商业化应用而产生的，那么，发明就是创新过程的一个先导阶段。而在创新与发明无直接关联的情形下，两者则是相分离的。其四，权益性差别。在现代专利制度下，发明总是表现为专利，其知识产权受到保护。而发明（含实用新型和外观）以外的其他创新不能申请专利，无法作为知识产权得到保护。由此可见，创新的内涵是指在世界上第一次引入新东西、引入新概念、制造新变化。其中，"新"指在结构、功能、原理、性质、方法、过程等方面的第一次的显著性的变化；"新"的含义是知识产权意义的新，不是时间意义或地理意义的新。

（2）创新与创造。创造和创新都关注新知识的产生和应用过程，但创造是产生思想或主意的过程，而创新是筛选、提炼和实施这些思想或主意的过程。创造是发散式思考，创新是收敛式思考。换句话说，创造是关于思想产生的概念，而创新是关于思想付诸行动的概念。我们可以看出创造与创新有着两方面的区别：一个是把创新看作包含创造的更宽泛的一个概念，如果一个事物对整个世界都是前所未有的，那么它就具有创造性，或者也称为原始创新；如果企业采取了一项其他企业已经广泛使用但对它自己仍是新鲜的技术，虽然这一行动不具有创造性，但它仍属于创新，也可称为模仿创新。另一个是创造可以仅仅限于产生出新的想法，而创新则必须是新想法实施结果的体现。

（二）创新理论的演化

熊彼特的"创新理论"当时并没有被主流经济学接受。直至20世纪60年代，科学技术在经济发展中的重要性日益突出，创新理论领域逐渐活跃，大量国内外学者开始对创新问题进行更为深入的思考和研究，并根据熊彼特的创新理论，形成了"技术创新""制度创新"等各具特色的流派，以及更多具有综合性系统创新理论研究。

1. 技术创新理论

"技术创新"学派主要侧重产品技术创新研究，对新知识与新技术的发现、扩散、市场化等领域关注较多，创建了"技术创新经济学"。1957年，索洛采用全要素生产率的分析方法，并以1909—1949年美国经济增长数据检验资本与劳动作为变量的新古典模型。在假定技术不变的前提下，新经济增长模型仅考虑资本在经济增长中作用的模型却得到经济会自动进入一种稳定状态的结论，即在既定的劳动数量下，随着资本深化停止，资本的边际收益递减会导致资本收益率保持稳定，劳动力工资停止提高而经济增长也最终面临停止状态。然而现实情况却并非如模型预测的那般，劳动力的实际工资及资本报酬率都未停止增长，此外，现实情况还表现出各国具有不同的资本报酬率。因而，索洛将模型分析结果中不能用资本与劳动两种生产要素表示的87.5%的社会总产出称为外生"残余"，由最广义的技术进步贡献而来，由此，该模型成为将技术作为外生变量的经济增长模型。

技术变量不断提高资本生产率，却仅作为外生变量，无法细致考虑技术变量对经济增长的具体作用，显然无法满足理论界与实务界对经济增长的探究。因而，学者将技术创新转化为内生变量纳入模型成为经济增长的必须要素，构建内生经济增长新模型。20世纪80年代中期，将知识、技术和人力资本等要素内生化的内生经济增长理论兴起。1986年，罗默率先提出知识溢出模型，认为知识具有外溢效应，强调新知识是经济增长的主要原因。罗默在《收益递增经济增长模型》中认为，非完全竞争市场中知识能提高投资收益，从而促使国家经济持续增长，因而将技术外部性或知识的溢出效应内生化而构建出新经济增长模型，即内生经济增长模型。知识作为模型内生自变量与因变量经济增长密切相关，为达到经济增长需对生产要素之一的知识进行投资，技术进步及知识积累是追求利润最大化的厂商进行资本投资时的副产品。知识或技术的溢出效应使得厂商在进行知识与技术积累的同时也能促使社会中其他厂商不断提高生产率，这种非竞争性与排他性导致企业生产规模收益递增，从而促进经济持续增长，同时也使得进行知识及技术积累的垄断竞争厂商通过部分控制市场获得收益以弥补知识及技术的生产成本。

此后，其他学者的深入研究发展了罗默的内生经济增长模型，将技术进步划分为导致全新产品的增加与产品质量改进两类，从而构建垄断竞争市场环境下的技术内生经济增长模型。新产品的增加需具有开拓精神的企业家进行有意识的投资研发活动，新产品促使生产者获得垄断利润作为先期投资回报，却并不能完全获取技术创新所带来的回报。技术的非竞争性会使得后期研究者较前期研究者花费较低成本完成技术累积，因而内生性技术进步能够持续，并在国家间表现为技术跟随者可能赶超技术领先者。另一种产品质量改进则表现为来自于研发活动的一系列随机质量改进，企业家竞相革新产品质量，相继推出改进后产品，从而使得产品质量"阶梯"上升，以致技术的不断攀升。这些创新与质量改进的作用就表现为全要素生产率的提高，从而促进经济的持续增长。1991 年格鲁斯曼和赫尔普曼提出了渐进式技术进步假设，建立了横向创新模型，深入研究了熊彼特蛙跳式技术创新到渐进式技术创新的问题。1992 年阿吉翁和霍伊特建立了垂直创新模型，认为经济增长是由一系列的垂直创新（即质量改进）带来的，这些垂直创新的产生源自一系列具有不确定性结果的研发活动。

2. 制度创新理论

"制度创新"学派主要研究组织变革和制度创新，对企业组织变革、制度创新与企业经济绩效的关系进行深入研究。诺贝尔经济学奖得主道格拉斯·诺斯出版了《制度变迁与美国经济增长》《制度变迁与经济绩效》《西方世界的兴起》等著作，为制度变迁理论的研究奠定了坚实的基础。哈耶克研究认为，个人追求自我利益的行为与人们之间的相互作用共同解释了制度创新和制度变迁。他指出制度是自然演进形成的，是通过个人的自我选择和相互间博弈、互动实现知识与信息最大限度的共享与交流，进而自然选择出一个好制度。哈耶克创建了演进主义的制度变迁观。与技术创新不同，制度创新主要通过组织形式的变革和经营管理的创新来实现。拉坦对技术创新和制度创新进行了深入研究，将技术创新与制度创新整合在一个具有相互作用的逻辑框架中，建立了一个关于制度变迁的诱因性创新理论模型。

此外，一些学者和研究机构还将创新置于更广阔的背景下进行研究。美国著名管理学家彼得·德鲁克研究认为，创新是赋予资源创造新财富的新能力，凡是改变已有资源财富创造潜能的行为都是创新。德鲁克提出技术创新和社会创新是创新的两种方式：技术创新是在自然界中为已有物质找到新的应用，并获取新的经济价值；社会创新是在经济社会中创造一种新的组织机构、管理手段和管理方式，以在既定资源配置中获取更大的社会价值。他强调了创新在社会财富积累和组织绩效提高中的重要作用。西蒙·库兹涅茨研究提出，创新是为了实现一个具有实用性目的而采取的一种新方法。1990 年迈克尔·波特在《国家竞争优势》一书中指出创新是通过发现新的产业竞争方式，并将其引入市场创造新的竞争优势。创新包括发掘新的生产技术、革新传统促销手段和营销观念，能扭转劣势为优势。1992 年联合国经济合作与发展组织（OECD）对创新进行了一定的界定，认为技术、组织和金融等方面的改革都是不同形式的创新。1997 年，爱迪·奎斯特研究认为，创新是经济活动中创造新价值的发明创造，属于经济范畴。除了从无到有的发明、创造和应用，创新通常是将已有元素进行新组合。创新活动的形式是复杂的，受到多种因素的综合影响，企业难以独立完成创新，需要与相关组织共同作用，进而开发、交换和获得各种新知识、新信息和新资源。这些相关组织包括其他上下游企业、投资银行、研究机构、政府部门。2000 年，OECD 在《学习型经济中的城市与区域发展报告》中强调创新是比发明创造含义更为深刻的活动，创新必须考虑其在经济上的运用，实现资源潜在经济价值。只有将发明创造应用到经济生活中，才称之为创新。2000 年英国政府在《卓越与机遇——21 世纪的科学和创新政策》白皮书中指出创新是现代经济发展的发动机，是将人才、创意、设计、管理和资本结合起来创造新的满足消费者需求的产品和服务、创造经济价值的过程。以上研究均将创新作为经济学领域的一个名词，认为创新是以新思想、新内容和发明创造为主体的，将其实用化，发掘资源中潜在经济价值、满足客户需求、创造经济价值的过程。弗里曼等学者对创新理论进行了更为深入的研究，他指出，随着创新需求要素的日益多样化和复杂化，大量创新不仅要依靠企业自身努力，还需要相关研究机构、金融机构、中介机构、政府、政策体系和制度框架的共同作用来完成。

3. 系统创新理论

"系统"一词最早出现于古希腊语中，即由部分组成的整体的意思。在韦伯斯特大辞典中则把"系统"理解为"有组织的和被组织化的全体""以规则的相互作用又相互依存的形式结合着的对象的集合"。而现在，人们把"系统"直接定义为"由若干相互联系、相互作用的要素组成的、具有特定结构和功能的有机整体"。由此，创新系统可以理解为是围绕某一创新目标，由不同创新主体、其他参与者、外部环境构成的一个有机整体。20 世纪 30 年代，系统科学应运而生，系统学主要以系统论、控制论和信息论为支撑，剖析研究对象横截面，提取研究对象的共同性质和机理，利用系统、信息、组织、调节、控制、反馈等进行科学概念和方法描述，采用现代数学工具来处理大量空间问题。20 世纪 80 年代，系统科学与创新理论相结合，出现了一个从系统的观点来研究创新的新思路，产生了创新系统理论。

"创新系统"的概念是伦德威尔在 20 世纪 80 年代中期提出来的，目的是为了把握研究与开发系统和生产系统之间的相互联系。事实上，无论是知识创新系统、技术创新系统还是整个国家的创新体系，都是由多个主体构成的，具有特定结构和功能，是同外部环境不断进行物质、能量、信息交换的有机整体，其概念界定是一个逐步演化和不断深化的过程。创新系统首先是在国家层次上展开研究的，即国家创新系统；而后，学者们又在区域层次上对创新系统进行了探讨，即区域创新系统。国家创新系统和区域创新系统的研究相对来说比较成熟，而产业创新系统及企业创新系统的研究尚处于初级阶段。

二、国家创新系统理论及其发展

（一）国家创新系统理论来源

对于创新系统的研究，首先开始于国家层面。国内外的许多学者将李斯特的"国家体系"和熊彼特的创新理论看作国家创新系统理论的奠基石。德国古典经济学家李斯特于 1841 年出版的《政治经济学的国民体系》一书中，在对国家政治经济发展问题进行研究后，率先提出了"政治经济学的国家系统"概念，研究了后进国家的政治经济发展问题以及在国际竞争中面对先进国家的技术限制和技术封锁应采取的政治经济对策。此外，李斯特还探讨了历史、文化和国家制度等因素对一国经济发展和政策选择的影响，强调了一国内生性技术能力的重要性。

李斯特所谓"国家体系"主要具有两方面的含义：一方面，国家体系是指民族国家在分工协作的基础上形成的一种国家联盟或者说是联合，比如英国与其海外新移民地区所组成的以英国为首的国家体系等；另一方面，国家体系又是指国家作为一个整体在国际经济竞争中的自处之道。事实上，李斯特关心的主要问题就是后进国家应该采取怎样的经济发展战略以赶上先进国家。在他看来，虽然落后国家和先进国家都将从自由贸易中获得好处，但是从长期来看，自由贸易只能维持和扩大国家之间的不平等，同时他也充分认识到科学技术在现代工业中的至关重要的作用。

李斯特对国家创新系统理论的主要贡献表现在三个方面：一是首次提出"政治经济学的国家系统"概念。20 世纪 80 年代，英国经济学家克里斯托弗·弗里曼正是在此基础上提出了国家创新系统思想。二是深入研究了历史、文化和国家制度等国家特有要素对于一国经济发展和经济政策选择的巨大影响。李斯特极力强调国家特有要素的独特性，强调不同国家的历史条件、文化传统、地理环境、自然资源以及国际背景等对一个国家经济发展和经济政策选择的决定性影响。尽管他并不否认普遍经济学原理的存在，但他认为经济学原理的应用是有条件的，因各国具体国情的不同而有所差异。这正是国家创新系统的研究者所极力推崇的。三是提出后进国家在面对先进国家的技术限制和技术封锁的情况下所应采取的国家技术战略，强调了一个国家的内生性科学技术能力的重要性。李斯特认为，尽管技术知识的转移比商品贸易更为困难和复杂，但技术领先国家并不能完全防止技术知识的国际转移和扩散。即使技术领先国愿意与技术追赶国分享技术知识，技术追赶国仍需要付出巨大努力以模仿新技术，包括培育本国内生的科技能力。经济活动的国际化为技术后进国家提供了获得先进国家科学技术知识的机会，因此，培育内生的科技能力必须在经济活动国际化的框架内进行。他提出了四种可供选择的政策工具，包括投资于教育以培育受过适当培训的劳动力；创造一种基础设施网络以分配技术知识这种最为重要的经济资源；在国家建立诸如关系联盟之类的经济联系，并倡导建立国家的制度体系以加强这种关税同盟的有效性；保护幼稚工业使其形成应付国际竞争所必需的技术技能。

（二）弗里曼国家创新系统理论

李斯特的"国家体系"概念是弗里曼的"国家创新系统"概念的第一块基石。在李斯特研究的基础上，弗里曼在1987年研究日本经济政策和经济绩效时率先使用了"国家创新系统"的概念。弗里曼将国家创新系统概念归纳为：国家创新系统是从事科学技术创新活动的机构、体制安排、运行方式的总和，即政府、企业、大学、研究机构、中介机构、金融机构等参与技术创新的要素，为了一系列共同的社会和经济目标而构成的相互作用的网络体系，各种创新资源（尤其是知识）在一国内部各要素间的循环流转是经济增长和提高竞争力的决定因素。国家创新系统的主要功能是优化创新资源配置，协调国家的创新活动。

弗里曼认为，日本在技术落后的情况下，以技术创新为主导，辅以组织创新和制度创新，只用了几十年的时间，便使国家的经济出现了强劲的发展势头，成为了工业强国，这说明国家在推动一国的技术创新中起着十分重要的作用，在国家的经济发展和追赶中，仅靠自由竞争的市场经济是不够的，需要政府提供公共商品，需要从长远的、动态的视野出发，寻求资源的最优配置，以推动产业和企业的技术创新，同时弗里曼进一步指出，在人类历史上，英国、德国、日本和美国等发达国家的技术追赶和技术跨越，不仅是技术创新的结果，而且也是制度和组织创新的结果，因而也是国家创新系统演进和发展的结果。

弗里曼认为，日本的国家创新系统的形成不是孤立的，与其历史、文化及基础设施等存在着密切关系。这包括：日本的银企关系密切，股东对企业影响有限；企业实行终身雇用制；经理与员工关系密切以及日本战败后举国上下的共同努力。这些因素保证了企业和国家长期战略的实施。同时，机构制度也支持了技术创新活动，新信息技术与机构制度系统的"恰好匹配"，最终导致了日本在新技术经济范式变革中脱颖而出，成为技术领先国。弗里曼没有分析日本大学的作用，但他指出，日本大学对国际科学研究和对日本产业创新的贡献通常被低估了；同时他又认为，为成为国际技术的先导，大学并不特别有必要成为世界基础科学的先导。

弗里曼在研究日本经济政策和经济绩效的基础上还提出了国家创新系统的概念模型（见图1－1）。

图1－1　国家创新系统模型

弗里曼研究认为，国家创新系统的构成要素主要是产业部门、政府、科研机构、金融机构和教育培训机构。产业部门不仅是经济活动的主体，而且是技术创新活动的直接实现者。金融机构、科研机构和教育培训机构分别为产业部门提供创新活动所需的资金、知识和人力资源；政府利用其政策工具对这三种创新资源进行合理配置，但政府的这种作用并非直接干预，而是以市场为基础进行引导、疏通，采用市场与政府互补的方法，对于"市场理性"失效的方面由"社会理性"来补充。要素间的联系与互动体现为三种创新资源在各要素间的流动。国家创新系统是技术创新与组织创新、制度创新相结合的有机体,受到国内环境即国家专有因素的影响。国内环境分为软环境和硬环境两类,软环境是指市场环境、制度环境和文化,硬环境指相关的基础设施。国家创新系统是一个开放的动态系统,与国际环境有着物质与能量的交换,即资金、知识和人力资源的交流,这是在经济全球化大背景下国家创新系统对创新资源进行配置的一个方面。

弗里曼的国家创新系统理论具有两点重要贡献:一是首次详细分析了国家创新系统对一国技术创新的作用,尤其是国家创新系统中制度的作用;二是其对日本国家创新系统的分析结论,对于许多以引进创新为主导模式的发展中国家提高技术能力、实现技术追赶,具有重要的启示作用。

(三) 国家创新系统理论

20世纪90年代初,联合国经济合作与发展组织及其成员国相继发表了一系列关于国家创新系统的研究报告,并出台了相应的政策。OECD的国家创新系统研究发展了伦德瓦尔的思想,将抽象互动具体为企业之间的互动、公私部门之间的互动和人员之间的互动,使国家创新系统的研究更具政策意义。OECD对国家创新系统的研究经历了三个发展阶段:第一阶段,主要通过试点国家创新系统的研究,证明这种新方法的可行性及相关政策,确认并为创新活动的主要决定因素设立基准;第二阶段,主要对所有OECD成员国的国家创新系统进行一般分析,对具有先进方法论、数据库、特定研究或政策优惠的OECD国家,选择创新企业、创新企业网络、创新簇群、人员流动、组织匹配和赶超经济共六个方面作为研究重点进行深入分析;第三阶段,重点集中在创新企业和网络、创新簇群和人员流动三个方面。

1997年,OECD发表了《国家创新系统》专题报告,强调国家创新系统中个人、企业和机构之间的技术与信息流动,提出了一整套国家创新系统分析方法。OECD认为,国家创新系统是"由公共部门和私营部门的各种机构组成的网络,这些机构的活动和相互作用决定了一个国家扩散知识和技术的能力,并影响国家的创新表现"。国家创新系统的研究重点是知识流动,研究目的在于提高"知识经济"的绩效。知识经济是直接以知识和信息的生产、分配与使用为基础的经济,体现在个人(作为"人力资本")和技术中的知识是经济增长的关键。经济活动正日趋知识化,体现在高技术产业的增长和对高素质人才需求的日渐增加。知识投资，如对研究与开发活动、教育与培训、创新活动方法等，是经济增长的关键。国家创新系统方法反映了人们日益重视知识在经济发展中的作用。知识流动是衡量知识投资的补充形式。随着信息技术的发展，知识流动，特别是通过出版物、专利和其他途径的编码知识的流动，不仅越来越多，而且更易于获取。研究国家创新系统的目的是在国家层次评价与比较知识流动的主要渠道，找出瓶颈，提出政策与解决方法，涉及描绘企业、大学、科研院所与政府在科技发展中的联系方式与相互关系。这些分析最终落脚于对国家创新系统"知识配置力"的评价，"知识配置力"被认为是促进增长与提高竞争力的决定因素。

OECD 国家创新系统理论认为，参与创新的各行为主体之间的联系是改善技术绩效的关键所在。创新和技术进步是创造、传播、应用各种知识的行为者之间错综复杂关系的结果。一个国家的创新绩效很大程度上取决于这些角色如何相互联系起来成为一个知识创造和使用的集合体。这些角色主要是私营企业、大学和公共研究机构以及在这些角色中工作的人们。它们之间的联系可以采取合作研究、人员交流、专利共享、设备购买等形式以及其他各种渠道。国家创新系统的核心是企业、企业组织生产和创新方式、企业获得外部知识来源的途径。这些知识源可能是其他企业、公共或私立研究机构、大学和中介机构，既有地区性的，也有全国性和国际性的。创新企业是在企业与其他机构合作与竞争的复杂网络中运作的，建立在风险以及与供应商和顾客的密切关系之上。随着经济活动日益知识化，大量不断增加的、具备特定技能的各类机构成为知识的生产和传播者。企业的成败、国民经济的运行，都更加依赖于公共部门、私营部门和大学等机构采集和应用知识的能力。然而，每一个国家都有其管理体制，这取决于政府对企业的管理、大学的组织以及政府研究机构的水平和导向。在国家创新系统中，各类机构的相对作用和地位明显不同，这是在国家水平上研究的重点。国家创新系统的核心内容是科学技术知识在一国各种机构间的流动。从这个意义上说，所有有助于促进这种科学技术知识的循环流转的方面或因素都可以划归国家创新系统。知识流动有多种途径，测量知识流动的方法也有很多种。国家创新系统的知识流动重点讨论国家创新系统要素间的知识流动：企业间的相互作用；企业、大学和公共研究实验室之间的相互作用；知识与技术向企业的扩散与人员流动。

在 OECD 的理论框架中，创新要素之间的有效联系是决定国家创新系统绩效的关键。OECD 对国家创新系统的研究不仅关注技术创新，更关注知识在经济中的作用，重视知识的生产、传播和应用。国家创新系统的制度安排和结构是国家创新活动的重要决定因素，通过影响知识的生产，进而影响经济发展。在 OECD 的分析中，已将制度抽象掉了，所做的分析主要是在假定制度背景相同的情况下各种互动的不同和效率差异。这种做法在 OECD 成员国的框架下是可行的，但难以对不同制度的国家进行有效分析。

三、区域创新系统理论

自国家创新系统产生以后，在世界范围内掀起了一个创新系统的研究热潮。随着对国家创新系统的研究日益成熟，越来越多的学者发现在当今区域经济日益活跃的背景下，"区域状态"也逐步代替了"国家状态"，成为有代表性的经济利益体，单纯研究国家范围内的创新活动无法深入到对次于国家层面的区域经济发展和创新进行解释。因此，许多经济学家和学者开始了对区域层面创新活动以及其对区域经济发展影响的区域创新系统研究。

（一）区域创新系统内涵

区域创新系统是在一个知识流集聚域内，由参加技术创新和扩散的企业、大学及研究机构、中介服务机构和政府组成，通过政府行为和制度规范，创造、储备、使用和转让知识、技能和新产品的社会网络系统。这个社会网络系统不仅受到创新环境、基础设施等的影响，还与区域内网络结构、人才储备密切相关。区域创新系统的概念最早由英国卡迪夫大学的库克教授提出。1992年，库克研究认为区域创新系统是企业及其他机构经由以根植性为特征的制度环境系统地从事交互学习。交互学习相当于知识通过各类行为主体通过交互作用形成的一种集体资产；环境是指由物质资源、人才、规则和标准等共同构成的开放地域综合体；根植性包括通过特定社会交互形式完成的创新过程，并以不同的形式增加复制难度。

1996年，库克在《区域创新系统——全球化背景下区域政府管理的作用》一书中，对区域创新系统的概念进行了更为详细系统的阐述，认为区域创新系统主要是由在地理上互相分工与关联的生产企业、研究机构和高等教育机构等构成的区域性组织体系，而这种体系支持并产生创新。库克的研究强调了区域创新系统的根植性和系统性。此后，国内外学者对区域创新系统内涵的研究按"强调区域创新系统地域性、根植性和内聚性——区域界定——主要组成要素、辅助机构、创新环境和制度——知识传导机制、动力机制和网络关联"的顺序逐步扩展，区域创新系统的概念逐渐得到完善和明晰。

当前国内外学术界对区域创新系统的理解有多种，对于区域创新系统的概念与内涵的研究仍处于"初期"向"成长"的过渡阶段。从已有的国内外学者对区域创新系统概念的定义中可以看出，学术界对区域创新系统的定义存在的分歧表现在以下几个方面：一是定义角度，区域创新系统定义角度通常分为构成要素及结构、运行方式、目的功能和作用几类。二是构成要素，随着研究的不断深入，构成要素由最初的创新主体（企业、大学和研究机构）逐步拓展到辅助创新的政策和机构（制度、规则、中介机构、创新环境）。三是功能认识，狭义角度看，区域创新系统的主要功能是技术创新、知识创造和知识资本化；广义角度看，其功能还包括制度创新。四是性质认识，区域创新系统性质主要分为产业集群、复杂系统（技术体系、复合系统、社会系统、社会经济系统）、网络关系（制度网络、组织网络、知识网络、社会网络）、空间结构（状态空间整体）四类。

区域创新系统是一个动态的历史的范畴，目前对区域创新系统的认识存在一定的局限性，对其进行简单而精确的概念界定是很困难的，但从中可以概括出区域创新系统的基本内涵：一是地域性。对由各行为主体、经济网络和基础设施网络相连接的接点共同构成的功能区域内的产业现象进行研究，是以知识流集聚域为基础、具有一定的地域空间范围和开放性的边界。二是根植性。区域创新系统内企业特定的社会交互形式，增加了新知识和新技术在企业内外复制的难度。三是多元性。区域创新系统不仅包括企业、大学、科研机构等新知识和新技术发现、转化的主要经济单元，还包括支持服务机构、政策、规则、相关基础设施等知识扩散的部门和制度。四是协同性。区域创新系统内各部门高效率的相互作用、协同创新是提高系统创新质量和产量的前提条件。五是系统和网络特性。创新是经济行为主体之间社会交互作用的结果，各创新主体相互作用构成创新系统组织和空间网络结构。六是创新功能。通过对新知识和新技术的发现、扩散和应用，实现创新。七是政策性。政府通过制度和政策提高地区学习氛围，营造创新环境，促进知识资本化。

（二）区域创新系统与国家、企业创新系统的关系

1. 区域创新系统与国家创新系统的关系

区域创新系统与国家创新系统既相互联系，又相互区别。区域创新系统是

国家创新系统的重要组成部分，是国家创新系统的基础与子系统，是国家创新系统在区域层次上的延伸，体现了国家创新系统的层次性特征。区域创新系统是国家自主创新战略的重要组成部分，是推动区域经济发展，提升区域综合竞争力的重要支撑和根本保证。

区域创新系统与国家创新系统的总体发展目标在方向上是一致的，但具体目标和实现方式又有很大区别。从研究角度来看，区域创新系统和国家创新系统作为系统范式，其共同点是从复杂的多元非线性系统角度来研究创新，该系统中包括创新主体性要素的多元性和不确定性。环境性要素的复杂性以及创新主体性要素、资源性要素和环境性要素相互匹配机制的多样性。主体性要素是指地方政府、企业、科研机构、大学、中介机构等参与技术创新活动的行为主体；资源性要素主要是指技术创新所需的资金、人力和知识资源；环境性要素包括硬环境和软环境两个方面，硬环境是指科技基础设施，软环境包括市场环境、政策法规、社会历史文化和制度环境。

与国家创新系统相比较，由于边界、功能、价值观念、地区产业专有因素的不同，区域创新系统在制度安排、产业政策和创新能力方面更具有针对性、特殊性和专业性，企业的灵活性和创新能力更强，且各系统间具有较大差异性。这些构成区域创新系统多样性的差异性因素，是地区获得核心竞争力的关键，也是国家创新系统的活力所在。具体看来，区域创新系统与国家创新系统在边界、功能、层次性、流动性和基础研究重要性方面既有联系又有区别。

（1）系统的边界。区域创新系统是以知识流集聚域为基础、具有一定地域空间范围和开放性的边界，不必然以行政区域为边界，有时是跨行政区域的。国家创新系统在地域空间上由若干开放的区域创新系统构成，有着明确的国家边界。

（2）资源的流动性。在区域创新系统内，创新资源根据企业、大学或研究机构的需要，自由流动，不受行政边界的干扰。在一国范围内，创新资源的流动往往受地区保护主义、转移成本和交易成本等诸多因素的制约，难以实现自由流动。

（3）系统的层次性。创新系统是复杂庞大的系统，国家创新系统是一国范围内所有创新资源的整合与集成，是宏观创新系统。区域创新系统是国家创新系统的子系统，属于中观层次的创新系统，国家创新系统主要由开放的各个区域创新系统连接而成。国家创新系统是区域创新系统发展的保障，通过政府政策、规则和科技规划等支持区域创新系统的建设，各区域的特色产业基地、高新技术园区等系统，便是区域创新系统的表现形式。国家创新系统还可以通过营造良好外部环境、建立优质大学和科研机构，为区域创新系统提供智力支持，提高地区创新质量和创新效率。区域创新系统的建设是国家创新体系运行的前提和组成部分，区域创新系统的内外协调是国家创新体系良好运行的保障，其发展服从于国家创新系统结构和功能的需要，决定了国家创新系统创新质量和效率，对社会经济发展具有不可替代的特殊作用。

（4）系统的功能。居于不同层级的创新系统在产业发展和国家安全的功能有所区别。在产业发展方面，区域创新系统的功能主要是培养优势产业，扶植增长极，放弃不具备竞争优势的产业；国家创新系统是从整体出发，考虑国家整体竞争力，调整产业结构，在发展优势产业的同时，更注重关键性弱势产业的发展，对其进行扶持和保护，努力减小与发达国家的差距。在国家安全方面，区域创新系统主要目标是提高经济增长速度，优化地区产业结构，没有必须发展国家安全相关产业的责任；国家创新系统则从国家安全角度出发，必须发展国家安全相关产业，进行军事方面的创新。

（5）系统的基础研究。区域创新系统的形成是为了提升创新能力，提高创新成果资本化效率。在创新研究方面，注重应用型研究和具有区域优势的基础性研究。在研究过程中，通常通过引进的方式获得自身并不具备的基础性研究成果，以减少创新成本。国家创新系统不仅是国家核心竞争力的主要源泉，而且肩负着一国科技发展的重任，必须重视基础研究。同时，国际上最前沿的知识和技术是不能通过引进的方式获得的，国家必须通过基础研究不断扩大知识储备，为创新提供丰富的资源。

区域创新系统不能代替国家创新系统，而应是一个更适合分析体系间要素互动的体系。区域创新系统将比国家创新系统呈现更多的特色制度安排，更强的产业，技术更专业化，且企业的创新性更明显。在区域创新系统中，企业间的相互学习，创新活动和知识的流动性更密集、更频繁。因此，区域创新系统绝不是国家创新体系的一个缩影，而是创新的区域化。

2. 区域创新系统与企业创新系统的关系

企业创新系统是企业借助于技术发明、管理上的发现、制度上的变迁、市场中的机遇等，通过对生产要素和生产条件以及有关的资源配置方式进行新的变革，并使变革成果取得商业上的成功的一切活动所附带的条件、规则、结构、过程、方法等的总和。

而信息、知识与技能属于无形要素，渗透在有形要素和从事创新的组织之中。企业创新系统是围绕企业技术创新活动的，由企业内外部的有形要素和无形要素以非线性方式组成的存在反馈路径的复杂网络，目标是提高企业的创新绩效和创造持续竞争力。构成企业创新系统的基本要素是创新人员、创新财物、创新信息，以及企业积累的知识与技能。人是技术创新活动的主体；资金、物质是开展技术创新活动的基础保证，是保证技术创新成功的重要因素；创新信息和企业积累的知识、技能是其进行技术创新活动的必要条件和重要资源。这些要素是企业创新活动的基本单元，人、财、物属于有形要素。企业创新系统应主要包含研究与发展、生产制造和市场营销三个子系统。

相对而言，区域创新系统是中观系统，而企业创新系统是微观系统。作为中观层次的创新系统，区域创新系统的主体要素主要为企业、高校与科研机构、中介组织和政府，而企业创新系统的主体要素主要为企业家、科技人员、技术工人和营销人员等。区域创新系统是较为完整的社会系统，它相对独立，而企业创新系统包括在区域创新系统之中，是区域创新系统的一部分。区域创新系统功能的实现，有赖于企业创新系统的顺利运行。

第二章　区域创新系统的结构与运行

区域创新系统由区域创新主体、区域创新基础系统和区域创新制度环境构成。区域创新系统能够对其范围内的企业技术创新与非技术创新的集聚、扩散与示范效应起到放大作用。在区域内，技术创造、传播与扩散的成本更低，技术转化效率更高，区域创新系统一定程度而言是技术创新最重要的平台。

一、区域创新系统的构成

（一）区域创新系统的主体要素

区域创新系统是在一定区域范围内，通过在生产体系中引入新要素，或者实现要素的新组合而形成的促进资源有效配置的网络体系，是一个开放的网络系统，其直接目的是增强区域竞争力，加快区域经济的发展。区域创新系统主体要素包括区域内的企业、高校及科研机构、中介机构和地方政府，相互之间存在着复杂而频繁的互动联系（见图2-1）。

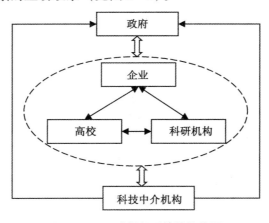

图2-1　区域创新系统的结构图

1. 企　业

企业是区域发展中实施技术创新的主体，是技术创新成败的关键。从理论上讲，技术创新是指生产要素的重新组合。市场经济体制下，这种组合只有企业家通过市场机制来实现才是最有效率的。此外，技术创新需要很多与产业有关的特定知识，从科技成果向现实产品转化还需要大量工程化的知识、市场的知识，这些知识是在实践中逐渐积累起来的，是需要投入时间和资金才能获得的知识，独立于企业的科研机构是无法或不易获得的。从实践看，科研资源流向企业，一流人才流向一流企业是市场经济的客观规律。发达国家的实践证明，技术企业化、企业技术化是现代经济发展的必由之路。这也是欠发达地区借鉴经济发展先进经验，利用后发优势，实现跨越式发展的必然选择。要实现产业结构调整和经济结构优化，必须加强企业在技术创新中的地位，促使企业把加快技术进步放在企业发展的突出位置。可以说，企业是科技与经济的结合点，是经济质量和市场竞争力的体现。

2. 高校及科研机构

高校及科研机构是区域发展中人才培养、科技创新的主体。高校在创新系统中有着独特的功能，既可承担研发任务，又可承担教学任务，进行培训和知识传播。传播知识是其一方面的任务，但更重要的是，在创新系统的发展中其职能主要是为当地、为企业培训和输送有创新能力的人才。科研机构是创新的源泉之一，科研机构通过研究和开发新产品、新技术，从而推动区域的科技创新。在硅谷，作为高智力聚集中心的研究性大学、研究院所、其他教育机构，在高新技术基础设施的建设与维护中发挥了极其重要的作用。教育机构不仅发展成为本地的重要研究中心，为本地供应了大量的工程技术人才，还通过了"荣誉合作项目"等计划，加强了企业与大学之间的联系，在使企业工程师保持与最新技术同步的同时，还能建立起企业与教育科研机构之间的专业联系。

3. 中介机构

中介机构是创新活动和科技成果产业化中的一支不可忽视的重要力量，是市场机制的重要载体，是联系科技与经济的中介，是市场经济条件下组织创新、衔接创新组织系统中各部分之间的重要桥梁和纽带。中介机构主要包括：信息中心、培训中心、咨询公司、经纪人组织、技术评估机构、技术争议仲裁机构、创业服务中心、生产力促进中心、技术开发交流中心，以及技术市场等。中介机构在整个区域创新系统中起着沟通、协调、黏结的作用，可极大提高创新资源的配置效率。

4. 地方政府

地方政府作为区域创新系统的关键组织，拥有制定创新政策的权力，对创新过程进行宏观调控，支配着主要的 R&D 资源，发挥着诱导企业积极创新，提高区域创新能力，整合区域创新资源，构建区域创新体系，创造区域创新环境的重要职能。

（二）区域创新系统的对象要素

1. 知识创新

知识是人类对事物的认识过程和经验的积累，属于认识和经验范畴，是人类认知成果的总和。广义的知识涵盖了从人类最基本的对世界的认识观念，到所有科学与技术知识的全部范畴。因此，广义的知识创新应包括认知思维范式与认知成果的一切变革。具体到以科学技术进步与经济发展为核心的创新系统领域，"知识"在此处的含义是以与技术应用相区别的方式引入的，知识创新大致等同于科学创造，是指通过科学研究获得自然科学和技术科学知识的过程。知识创新的目的是追求新发现、探索新规律、创立新学说、创造新方法、积累新知识，是不断增进技术创新和制度创新所需要知识的过程，它是技术创新与制度创新的基础。知识创新过程是科学（包括技术科学）知识在创新系统内的生产、扩散、转移并与技术的开发、应用相互作用的过程。一方面知识创新成果可以经技术创新的生产应用而成为现实的生产力；另一方面技术创新的成果也可以为知识创新提供必要的技术手段的支撑，以更好地开展知识创新。

2. 技术创新

通常意义上的知识总是与认识活动相关联的，而技术活动却与实践紧密相关，是介于科学活动、生产活动之间的具有生产、研究双重性的特殊社会活动；知识主要是以观念形态方式存在，而实体性技术却可作为直接的生产工具应用于生产；技术的目的性突出，知识是相对零散的，不具有明显的应用性目的。技术创新是人类财富之源，是经济发展的巨大动力。

3. 制度创新

如果说知识创新、技术创新主要解决的是"生产新知识"、"开发新技术"及"创造新组合"等知识的生产问题，那么制度创新所要改善的便是知识的流动效率。交易费用理论认为知识流动是需要成本的，成本的大小直接影响着流动的效率。制度创新正是通过提供把交易费用降低到可操作水平程度的法律、秩序，来使与先进技术相关联的生产活动得以运行。制度创新使给定状况的生产力潜能得到释放，并由此实现经济增长。制度创新引致的制度变迁、组织创新可看作是对创新系统结构的优化，是以系统结构的变革来实现系统内各组成要素的协同与耦合。

（三）区域创新系统的环境要素

区域创新系统环境要素包括体制、机制、政府或法制调控、社会文化环境、基础设施建设和保障条件等。区域的发展在于构建适于创新的环境并使之与创新主体要素相互协同，共同发展。主要包括制度、社会文化、经济三个方面。

1. 制度环境

制度环境包括政策、法律法规、道德规范、行为准则等。新制度经济学认为，制度的存在，可以解决不断出现的社会问题和约束人们的竞争和合作方式。经济增长的原因在于人们为减少交易成本而建立的制度。制度的作用主要体现在两个方面：一是降低创新中的不确定性和交易费用；二是提高对创新的奖励。好的制度选择会促进技术创新，不好的制度选择会将技术创新引离经济发展的轨道或抑制技术创新。

2. 社会文化环境

区域的社会文化环境包括区域内居民的风俗习惯和价值观念，区域内劳动力资源平均的文化水平、心理素质、主流价值观念、社会风气等内容。它代表的是本地深层次的社会文化环境，直接影响着人们是否有追求创新的热情，人与人之间能否建立起相互信任、相互合作的关系。而在社会文化因子中，长期的协作和彼此的信任是最有价值的资源。事实证明，区域内特有的社会和文化环境，作为一种隐含经验类知识，深深地影响着区域经济的发展。隐含经验类知识越多，企业及其他创新的行为主体在空间上集聚的效果越明显。

3. 经济环境

经济环境包括经济实力、经济结构、市场态势、基础设施等。从经济实力的角度来看，经济发达地区在创新资源和创新能力方面存在着在巨大优势。经济发展水平越高的地区，就越有可能从规模经济和集聚经济中获得利益，从而提高自己在市场上的竞争力，进一步巩固自己的创新优势。从经济结构的角度分析，不同的经济结构（主要是产业结构）对创新的影响也不一样。一般说来，在第一产业比重较大，且生产现代化程度不高的国家（或地区），由于长时期相对稳定的生产方式，加之产品商品率低，创新不易发生，即便发生，由于传统思维方式的影响，创新扩散所需的周期也较长；而在第二、三产业比重较大的地区，由于相对密切的联系及较为激烈的竞争，产品的生产、营销方式不断变化，有力地促进了创新。对市场态势而言，市场态势不同，企业对创新的需求程度也不同，而影响企业进行创新的积极性。竞争激烈的市场经济时期，企业为了争夺市场份额，常常对产品、技术、服务等进行改良，甚至引入新的生产线，创新活动频繁，反之亦然。基础设施环境是创新体系正常运行的重要物质保障，它主要包括交通、通信和信息网络的建设、科技园区（孵化器）、"基地与中心"、市场环境等，这些要素是区域内创新产生的最基本的物质基础。

（四）区域创新系统的特征

区域创新系统与区域环境的相互作用，以及系统各组成要素之间相互联系相互作用的关系，决定了区域创新系统具有的系统性特征。

1. 整体性

区域创新系统不是系统要素的简单相加或偶然堆积，而是各要素通过非线性相互作用构成的有机整体。区域创新系统各要素之间通过相互作用，形成网络关系。在区域创新系统运行过程中，要素与系统之间、要素与环境之间以及各要素之间进行着知识、信息、资金与人才的交换，存在着有机的相互联系和相互作用，使系统呈现出单个组成要素所不具有的功能。

2. 自组织性

系统的自组织性是指系统具有能动地适应环境，并通过反馈来调控自身结构与活动，从而保持系统的稳定、平衡及其与环境一致性的自我调节能力。系统的组织化程度表现为系统整体的有机性程度，系统的有机程度越高，其组织化程度也就越高，系统的运行就越接近于最佳状况，系统也就越表现出更好的整体功能。区域创新系统具有自组织性和自组织能力。区域创新系统的自组织行为通过创新行为主体在系统环境的刺激和约束下，不断调整要素构成和结构来实现。环境因素是促使区域创新系统自组织的外部动力。在知识经济时代，区域经济发展取决于知识的产生、传播和应用能力，知识经济对创新提出更高的要求，若原有的区域创新系统不能适应这种变化，就会迫使系统进行调整，以满足区域经济发展的要求。区域创新系统内部各要素之间的对立与统一是促使系统自组织的内部动力。系统的自组织正是通过系统各行为主体充分发挥其主观能动作用而实现的，通过系统的自组织，提高了系统的有序度，能在系统内部自发，持续地产生出推动创新的动力，形成连锁反应机制，改善系统的运行状态，从而更好地实现系统的整体功能。

3. 开放性

区域创新系统与环境之间存在输入和输出关系，系统的边界是开放的。区域创新系统不可避免地要和本国其他区域创新系统发生各种联系和交流，和其他国家有关机构产生竞争与合作。因此，区域创新系统必然是开放的、国际化的，可以在更广阔的范围内实现技术、人才和知识等资源的高效配置。区域创新系统的开放性决定了区域既可以通过从区外甚至国外引进创新资源，提高本区域的创新能力和水平，也可以向区外扩散创新。

4. 目的性

区域创新系统是一个具有明确目的的系统。系统内部的各要素是为实现系统的既定目标而协调于一个整体之中，并为此进行活动的。该系统的目标主要体现在以下几个方面：创新的效率目标、创新的扩散目标、创新的竞争力目标和创新的社会进步目标。该系统活动的输出响应就是系统目的性的反映。

5. 多样性

区域创新系统受所在区域的自然条件、社会历史条件、经济发展水平和技术积累水平的制约，各区域的经济发展要素各具特色，其创新活动必然会有不同的起点、内容和途径，因而，区域创新系统具有鲜明的多样性特征。有些沿海地区，如深圳，虽然科技发展基础较差，但由于其优越的地理位置和政策优势，更易于吸收、引进国内外技术和人才，可实行外向型创新模式；而有些内陆地区，如西安，经过多年发展，自身的科技和经济基础较为雄厚，可实行内向型创新模式。不同的地区具有不同特色的创新系统。即使文化、生活水平和方式、消费类型、公共部门规模等方面非常接近的一些区域，其创新系统仍表现出极大差异。如广东东莞的电脑制造业和顺德的家电制造业各具特色，都表现出了很强的创新能力，并成为区域竞争优势的源泉。尽管不同区域创新系统的特色不同，但较为完善的创新系统都具有充分利用自身优势、系统创新能力和创新效率高的特点。由于各区域的创新资源和创新能力不同，不同区域创新系统的创新效率存在极大差异，正是由于创新效率的差异使区域经济发展呈现不平衡的特征。

6. 结构性

结构性是区域创新系统内部各要素有机联系的反映。各要素之间本质的联系决定着该系统的发展和变化规律。当相同的要素具有不同的结构形式时，该系统就会产生不同的功能和效果。因此，对区域创新系统结构的优化是使该系统形成良性循环的最重要的手段。

7. 动态性

区域创新系统具有与空间和时间阶段相关的活动方式。其发展变化的过程在空间上随环境的不同而不同，在时间上则具有连续性与阶段性的特征。

二、区域创新系统的运行机制

区域创新系统的运行机制，是指区域内部的创新主体、创新要素之间相互作用、相互影响、协同演进的原理。从区域创新系统的运行过程看，创新活动就是系统内创新要素在自组织演进机制和协同创新机制的作用下，实现系统化创新的过程。由于区域创新系统是创新主体和创新要素共同作用的一种创新行为，具有系统性特征，此外还受到外部环境的影响，因此可以从区域创新系统内部主体相互作用的运行机制和区域创新系统运行的外部支撑和调控机制两个方面来理解其运行机制。

（一）区域创新系统的内部运行机制

区域创新系统是一种创新主体共同参与的复杂的系统性行为，从创新主体的创新动机以及创新主体相互作用的角度，其内部运行机制主要包括以下几个方面。

1. 利益驱动机制

从微观层面看，区域创新系统的根本目的是企业为了获取创新所带来的自主知识产权的创新成果以及由此带来的超额创新利润。从宏观层面看，区域创新系统的建设与运行是为了推动区域内经济的高质量发展。正是这种微观和宏观上的利益，驱动着区域内部各主体之间通过相互合作、相互促进来进行创新活动。

2. 竞争机制

区域创新系统的竞争机制是指区域内和区域间的创新活动主体在创新活动过程中相互竞争的机制。竞争机制涉及各个创新主体，在企业之间表现得最为激烈。企业进行创新的根本目的是通过创新带来的新产品、新技术迅速占领市场或扩大市场份额，从而实现其利润的最大化。对于企业来说，时间就是金钱

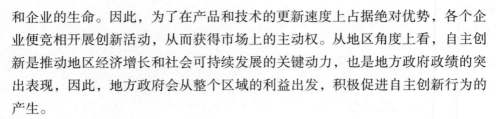

和企业的生命。因此，为了在产品和技术的更新速度上占据绝对优势，各个企业便竞相开展创新活动，从而获得市场上的主动权。从地区角度上看，自主创新是推动地区经济增长和社会可持续发展的关键动力，也是地方政府政绩的突出表现，因此，地方政府会从整个区域的利益出发，积极促进自主创新行为的产生。

3. 协作机制

区域创新系统是一个涉及经济、社会、科学、制度、环境等方方面面的复杂行为，仅仅依靠单一的创新主体，是不可能完成的。区域创新系统的协作，是创新各个主体之间的协作，它包含了企业与企业之间的协作、企业与高校和研究机构的"产学研"协作、中介机构的创新服务以及政府在政策和制度上为企业、高校和研究机构提供保障的"官产学研"协作等。创新主体间的协作，是缩短创新时间、节约创新成本、提高创新效率、实现区域内共赢的根本保障。

4. 学习机制

由于新技术和新知识具有不同于一般商品的溢出效应，这使得区域内的创新主体可以通过相互学习使其在区域内进行扩散，从而提高区域整体的创新能力与效率。如高校和研究机构通过培训和向企业输送人力资源的方式将其创新成果扩散至企业，从而促进企业创新行为的产生。学习机制依据不同特点可以分为"干中学"、"用中学"、"边干边学"以及"交互学习"等方式，这是推动区域创新系统的重要内在动力之一。

5. 激励机制

激励机制是指区域内部对创新主体的自主创新行为的一种鼓励和促进的机制。实践证明，有效的激励机制是自主创新行为产生并最终获利的重要制度保障。如果自主创新主体在创新过程中能够从相应的制度中获得一定的激励，则其创新动力将十分强烈。对创新主体的激励有许多种，例如政府的奖励制度、知识产权保护制度、企业创新成果自主的产权制度等，同时也包括来自创新主体自身的自我激励等。

（二）区域创新系统运行的外部环境

区域创新系统是创新主体在一定的创新环境内所开展的活动，因此区域创新系统的顺畅进行，除了受到上述创新主体相互促进的内部机制的影响和推动外，还受到创新环境的控制、约束和保障。区域创新系统的各个主体只有在一定的创新环境中才能形成更有效的创新合力和创新网络，从而推动整个地区自主创新活动的开展和自主创新能力的提升。

创新环境理论源于马歇尔的有关知识和组织的论述。20 世纪 80 年代，法国区域创新环境研究小组在对欧洲部分地区和美国硅谷等高新产业区进行研究之后，提出"创新环境"这一概念，认为环境是主要行为主体在有限区域内相互协同作用和集体学习，从而建立的有助于提高区域创新能力的复杂社会关系。事实证明，区域创新系统活动的开展以及区域创新系统能力的培育与区域自主创新环境的关系密不可分。从区域创新系统环境的特征看，可以将其划分为两种类型：区域创新系统的静态环境和区域创新系统的动态环境。其中，静态环境主要是指区域内创新的基础设施建设，也称为"硬环境"；动态环境是指区域内的政治经济环境、政策和制度环境、社会文化环境、创新服务环境等，也称为"软环境"。

1. 区域创新系统的静态环境

区域创新系统的静态环境，主要是指地区内有利于自主创新活动开展的创新基础设施和创新平台的建设。创新的基础设施是自主创新能力的基本载体，是保障区域自主创新活动开展以及区域创新系统有效运行的重要基础。区域创新系统的基础设施除了包括一般基础设施，如交通、通信等，还包括有利于自主创新活动进行的各类创新平台的建设，如国家重点实验室等研究实验平台的建设、创新公共服务体系建设、国家工程技术中心等产业技术开发体系建设以及大学科技园、生产力促进中心等创新成果转化平台的建设。

2. 区域创新系统的动态环境

区域创新系统的动态环境主要包含市场环境、制度环境、政策环境、法律环境与社会文化环境五大方面。

（1）市场环境。市场是通过其参与者之间的互动和博弈而形成的一种自发的社会秩序，不受任何人的主观行为所主导，而且在完全的开放和变动中不断演化。市场环境，是指建立在一定约束基础上的，有利于公平竞争的市场秩序。良好的市场环境会对区域自主创新产生一定的激励和促进作用。首先，市场通过价格、需求等机制引导创新主体进行自主创新活动，并最终检验区域创新系统的成果和效率。创新成果在市场上的认可和推广，将使企业在获得技术优势的同时获得超额利润，从而使其产生创新动力。其次，公平竞争的市场环境将促使创新主体为了获取创新的超额利润而不断进行创新活动。市场竞争越激烈，创新主体进行创新的动力越大，对创新主体的激励作用就越强，创新的效率也因此而提高。

（2）制度环境。制度，是指约束、激励人的行为，影响资源配置，与经济发展密切相关的一系列正式或非正式的规则，是经济发展的重要因素和决定力量之一。制度在市场失灵的情况下可以减少创新过程中的不确定性，同时通过激励机制使创新主体在承担创新风险的同时获得一定的创新收入。制度环境直接影响创新主体的积极性和资源配置方式，合理的制度将推动区域创新系统的顺利运行。不同的制度安排将对创新主体的行为和创新结果产生不同的影响。良好的制度环境，是创新主体创新动力的来源和规避创新高风险的保障。由于自主创新中涉及区域内各种资源和要素的参与和配合，因此相关的制度环境如经济制度、政治制度、科技制度、法律制度等是区域自主创新活动顺利开展的关键因素。

（3）政策环境。政策环境通常是指地区或国家为了推动区域内创新的顺利有效进行而制定的一系列法律、法规，包括宏观经济政策、科技政策以及一系列鼓励自主创新活动的规划和条例等。良好的政策环境推动区域创新系统形成推动和促进作用，反之则会抑制创新行为的产生。宏观经济政策主要指一国或地区的财政政策、金融政策、收入分配政策和对外经济贸易政策等用来调节宏观经济运行的工具，是区域创新系统活动开展的宏观背景，起着总体导向作用。科技政策是指国家或地区为了实现一定时期科技发展任务而制定的与国家发展战略相一致的、指导科技事业发展的方针和策略，包括国家科技发展战略、科技管理原则以及地方性的科技政策等，对区域自主创新的发展方向起着一定的调控作用。此外，还有一些鼓励自主创新活动开展的国家或地方性的配套措施、规划、条例等，对区域创新系统的开展起着一定的激励作用。

（4）法律环境。法律环境是保障区域创新系统活动正常进行以及区域创新系统政策能够有效实施的一系列的法律法规。良好的自主创新法律环境应该为区域创新系统活动的各个环节提供相应的法律保障。在自主创新的投入环节，相应的创新人才引进和培养、创新项目管理和经费使用的法律法规，能够有效激励创新人才的创新热情，同时保障创新项目的合法推进。在自主创新成果产出环节，对于知识产权保护以及对创新成果保密方面的立法，则是对创新成果的产权形成了一定的法律保护，使创新者的利益免受侵犯，同时对知识产权的明确界定和立法保护使得多个主体参分享创新成果的产权时有法可依，避免产生分歧，从而使合作效益最大化，在创新成果转化方面的立法则能够明确创新成果转化主体的法定职责，保障自主创新成果的有效利用，并对创新主体推广其创新成果提供法律依据。

（5）社会文化环境。社会文化环境是指不同地区由于历史积淀和地理环境的不同而形成的价值观念、教育和文化水平、道德修养、心理素质、相互信任、创新精神等有利于创新活动开展的社会氛围，对区域内自主创新活动起着重要的影响作用。激励创新、鼓励创造、尊重个性、宽容失败等创新文化氛围对区域创新系统活动起到推动、激励和引导的作用，使得区域创新系统能力在理念和价值观上有所提升。17世纪以来，世界科技中心先后从意大利转移到英国，再到法国、德国和美国，正是体现了先进政治体制和社会文化的强大导向作用。

（三） 区域创新系统的运行周期

区域创新系统是一个复杂的系统，对区域创新系统运行周期进行分析，研究系统运行各个阶段特征，有利于了解影响系统运行的重要影响因素，诊断系统发展过程中可能存在的问题，从而制定相应的战略和措施，以保证区域创新系统的持续创新能力的一种方法。

区域创新系统运行周期并不是简单的时间序列，其运行受到很多因素的共同影响。作为一般的规律性总结，区域创新系统的运行与发展大致可以分为孕育生成期、初始发展期、高速发展期、成熟期和僵化期。

1. 孕育生成期

区域创新系统运行周期的第一阶段，是创新系统的孕育准备阶段，这一阶段是知识发现与识别的阶段，最明显的标志是产业集群的初步形成。产业集群的形成有一个过程，区域内企业依托于研究型大学、科研机构或外部高技术企业、外商投资等知识源，在空间上自发集聚。这些知识源形成技术，通过技术创新创造新工艺，生产新产品。企业为获取竞争优势，主要通过学习和模仿新技术进行创新。通过已有的创新企业不断扩展，新的企业不断迁入和衍生。产业区内的企业互相之间存在着产业联系，逐步形成一种基于生产的网络，发展成为产业集群。产业集群是区域创新系统最重要的组成部分。产业集群的初步形成，有助于地区行为主体之间的合作，打破合作研究和人才流动的壁垒，促进区域内的知识流动。但孕育生成期的区域创新系统仍然存在创新基础设施不完善、自主创新意识较弱、缺乏中介机构、创新文化氛围尚未形成等问题。

2. 初始发展期

区域创新系统运行周期的第二阶段，这个阶段是知识扩散的阶段。由于产业集群的初步形成，区域创新系统的雏形基本形成，创新主体合作创新意识增强，合作创新的案例零星出现，但整体而言，系统仍处于摸索前进时期。初始发展期最大的特点是成长出根植于区域的创新氛围。随着创新主体之间互动合作关系的发展，逐渐在它们之间形成一些惯例，并逐渐形成创新的社会文化氛围，但这种创新氛围仍然相对薄弱。由于还是处于探索阶段，区域创新系统在初始发展期的创新效率和创新能力还不高。企业同研究、教育、服务机构之间的合作是偶然的、少数的、非惯例的现象，合作创新的益处还没有得到充分的体现，创新基础设施有待完善。但该时期区域创新系统的创新能力却是逐步提升的，虽然这种提升可能比较缓慢。随着创新主体之间合作的加强，创新氛围的优化和创新基础的不断完善，创新系统逐步迎来了高速发展的时期。

3. 高速发展期

区域创新系统运行周期的第三阶段，是知识积累的阶段。随着区域创新软硬件条件的逐渐完备，区域创新系统快速发展，区域协调创新优势不断显现，区域创新主体功能不断完善，创新主体间关系得以强化，合作创新日益频繁，创新能力得到突飞猛进的提升。在此阶段，区域内的创新环境以及创新政策也在不断建设和完善。风险资本也开始出现在区域内，它们为新创企业提供创业所需的种子基金，并积极介入创业企业的公司治理，为创新企业提供市场、技术、信息等服务。区域内的创新合作网络和知识网络展现雏形，但尚未形成，区域创新合作主要是依靠非正式的社会资本。高速发展期区域创新能力进一步提升的动力在于高效的区域创新网络的建立。

4. 成熟期

区域创新系统运行周期的第四个阶段，是知识外溢的阶段，也是发展最完善，创新能力最高的阶段。在经过高速发展期的发展完善后，区域创新系统逐渐成熟，创新能力持续发展，主要表现在两个方面：一是创新系统的各个组成部分都已发展完善，形成了具有本区域特色的创新体系；二是系统各部分协调发展，运行稳定。在成熟期，交通、通信等硬件完善，区域政策、市场秩序等软环境良好；创新文化成熟且稳定，鼓励创业、宽容失败的氛围形成；创新网络涵盖企业、科研院所、高等院校和中介服务机构等创新要素，创新能力达到鼎盛时期。区域内已形成了稳定的创新合作网络，风险投资机制也比较完善，并建立起相关的正式和非正式制度安排以协调不同企业的知识分工和创新合作，企业、高等院校、研究机构、中介服务机构以及政府机构等相互之间的交流、学习与合作已经形成一套切实有效的机制，在创新合作网络中存在充分的信息流动。创新活动以网络合作创新为主，同时存在着中小企业的大量模仿创新。在此阶段，交通、通信等硬件完善，区域政策、市场秩序等软环境良好；创新文化成熟且稳定，鼓励创业、宽容失败的氛围形成。

5. 僵化期

区域创新系统运行周期的最后一个阶段，亦称为知识重构的阶段。在这一阶段，创新系统在经历了长时间的发展后，开始走向僵化。僵化的结果主要有两种，一种是区域创新系统走向衰退；另一种是区域创新系统渡过短暂僵化期，在新的技术领域产生突破性创新，区域创新系统体制转型，向更高级的阶段发展。需要注意的是，并不是所有的创新系统都会经过前四个阶段才进入僵化期，僵化期可能会提前到来。区域创新系统内的衰落虽然是其本身发展的规律，但这并不意味着所有的区域创新系统都会一直衰落下去直至消亡。事实上，在外部因素的刺激下，一些根本性的创新会在这一阶段产生，例如化学工业中合成纤维技术创新导致了纺织工业的创新，计算机排版技术导致了印刷业的创新。这些根本性创新的出现拓展了区域创新系统的前沿，促使它在新的轨道上创造一个新的周期，实现创新系统由低级向高级的波浪式上升，开始一个更高级别的新演化周期。

三、区域创新系统的调控

由于创新主体的创新活动具有一定的自发性和盲目性，为保证整个区域创新系统结构的有机性和运行的有序性，政府必须发挥组织和管理经济的职能，对创新活动进行调控。区域创新系统的调控是指为保证整个区域创新系统结构的有机性和运行的有序性，政府通过制定创新政策，运用各种政策手段，规范和调整创新要素的创新行为，调整要素间的互动过程，将微观创新活动纳入区域创新系统的整体目标，促使创新活动的微观自主性选择与宏观整体性要求相互协调，使区域创新系统的运行步入健康、有序的轨道。政府调控是保证区域创新系统有序运行的重要保障，是政府在区域创新系统中的基本职能。通过政府宏观调控，可以弥补市场失灵，有效激励创新。

（一）区域创新系统的"市场失灵"

区域创新系统的功能是在系统与环境的相互作用中实现的。当系统与环境相适应时，系统功能能够有效发挥；当系统与环境不相适应时，系统功能不能有效发挥。尽管市场作为区域创新系统的环境对区域创新活动具有激励作用，然而市场不是万能的，在区域创新活动的某些领域存在"市场失灵"。区域创新系统的"市场失灵"主要体现在以下几个方面。

（1）基础研究。基础研究是创新的重要来源。基础研究领域的重大突破，往往对技术发展产生巨大影响，甚至导致新产业的诞生，从而对经济发展产生深刻和长远影响。然而，基础研究没有直接经济收益，具有高风险、高投入和高不确定性，其应用前景可能在相当一段时期内是不明确的，其成果的应用范围也可能是全社会的，是大多数创新得以产生的基础。因此，基础科学研究是一个不适宜由市场调控的领域。以赢利为目标的企业一般不从事基础研究活动，需要超越企业局部利益的政府承担起组织、资助基础研究的责任。由于区域创新资源的有限性，一个区域不可能在多数基础研究领域取得重大进展，因此，地方政府应集中优势资源，选择一些基础研究领域，重点突破，为区域创新活动储备创新的知识来源。

（2）高新技术的研究与开发。高新技术产业的研究与开发和技术创新的资金投入规模往往非常大，单个企业既无力筹集到必要的资金，也无力承担高额投资可能产生的巨大风险。因此，在可能出现突破、又具有良好应用前景的高新技术领域，政府应当以直接或间接的方式，承担起组织与协调的责任，促使企业进行合作创新。

（3）产业共性技术和竞争前技术的开发。产业共性技术和竞争前技术属于不具有"排他性"的公共产品，没有短期商业利益，但对许多产业都有促进作用，在存在"搭便车"的情况下，企业不会对产业共性技术和竞争前技术的开发投入大量创新资源。

（4）基础设施建设。创新离不开一定的基础设施。基础设施包括两类：一类是物质基础设施，包括能源、交通、通信等；另一类是知识基础设施，包括图书馆、数据库、知识网络等。基础设施不完善会使系统的要素之间相互作用不足，从而阻碍知识流动和企业创新活动的开展。由于基础设施具有公共品的性质，因而有赖于政府投资和建设。

（5）创新环境。市场本身并不能创造一个最有利于创新的外部环境，如市场本身并不能解决一些与创新有关的法律、税收、政策等问题。市场秩序的维持，也不是市场本身能够解决的。例如，适度竞争是激发技术创新的重要市场条件，但对于一些规模经济敏感的部门，竞争的发展有导致集中和垄断的倾向，从而抑制竞争，不利于创新的进行。市场失灵源于经济的外部性，创新是一项外部经济性很高的活动，任何一个产业的创新，不但推动着本产业，也能带动其他相关产业的发展，重大创新尤其如此。创新者不能独享创新收益，任何创新的社会收益都大于创新的个体收益，因此，创新活动也需要由政府进行激励。市场失灵是政府对创新系统进行调控的基本理论依据。政府作为创新系统的要素，必须在创新过程中发挥重要的激励作用。建立区域创新系统就是要充分发挥政府对创新的激励作用，有效防止市场失灵。

（二）区域创新系统中地方政府的作用

1. 营造知识基础设施

知识基础设施是全社会求知和创新活动的基础条件，既包含了信息基础设施、通信设施、广播和电视设施等物理概念的基础设施，也涵盖了教育培训体系、高技术风险投资体系、信息网络系统、社会咨询服务体系等非物理概念的基础设施。知识基础设施的主要功能是为创新、为知识的生产、扩散和有效利用提供支撑。知识基础设施是一个将科研院所、大学、企业等要素与个人紧密联结在一起的社会知识网络，通过在这个网络中的协同和互动，人们在经济活动的各个环节都可以很容易地获得和应用所需要的知识。它着眼于把科技、教育看作国民经济的内在部分，着眼于经济行为中的产、学、研一体化；它强调知识的生产、扩散和应用不是相互独立的环节，也不是由各部门分别承担的任务，而是同一过程的不同方面，大学、研究机构和企业都应同时具备这三方面的功能；它强调创新活动和求知活动是在全社会范围内进行的，特别是通过各种机构联系起来的知识网络中进行的。知识基础设施尤其强调经济活动中人们获取知识、应用知识能力的提高和渠道的畅通，强调对市场变化、技术进步的快速灵敏的反应能力。

2. 促进合作创新

大多数创新的风险高、资金投入大、涉及技术领域多。合作创新既能减少风险、减轻资金压力，又能在技术上进行互补。科研机构、企业、高校都是重要的创新要素，但同时又都是独立的经济利益主体。政府应采取措施鼓励企业与科研院所、大学的联合，建立规范化管理模式，协调冲突和合作关系，通过规范、协调、合作与互补等方式，降低交易成本，促进创新成果向企业转移并实现商业化。

3. 直接资助

对创新给予直接的资助，是地方政府普遍采取的手段，但侧重点有所不同，政府资助的 R&D 经费在地区所有 R&D 经费中的比例也大不相同。各地区 R&D 经费的去向，也因各地政策的不同而存在很大差异。通过建立科研院所、国家实验室、资助大学研究等，使创新活动公共化。由政府组织实施竞争前的创新活动，然后由企业去开发这些成果的商业价值，以克服搭便车现象，防止重复研究。但存在的问题是创新效率不高。因此，一般政府直接资助的主要领域为基础科学、社会收益大的技术科学。

4. 培育风险资本市场

功能较完备的风险资本市场的形成不是一个短期的过程，而是一个从培育创新产业到培育资本市场的长期过程。风险资本市场的产生和发展离不开政府的积极参与和大力扶持，政府培育风险资本市场的措施，可以分为四类。

（1）直接供给风险资本。其一是政府直接对风险资本管理公司或新生中小高新技术企业进行股份投资；其二是政府向风险资本管理公司或中小高新技术企业提供长期低息贷款。

（2）经济手段激励。一是税收激励，即对用于中小高新技术企业或风险基金的投资减免税收；二是贷款担保；三是股份担保，即担保一定比例的风险资本的投资损失。

（3）调整有关法规。这类措施涉及的范围较广，主要包括：放松养老金、保险金等的投资限制以扩大风险资本的供给；创新公司制度，允许设立有限合作制公司；放松对证券市场限制、鼓励小企业股票市场等。

（4）鼓励私人风险资本的发展，提供信息咨询服务。为高新技术企业的创业提供资助和咨询服务，并为企业与私人风险资本的结合提供条件。例如，设立高新技术企业风险评估机构，制定为企业进行技术定级的标准和办法等。

（5）推动产业簇群的形成和发展。产业簇群的形成和发展是由市场推动的、企业间自发的过程。在产业簇群的形成和发展过程中，政府作为促进者可以发挥市场无法完成的重要作用。第一，确保生产网络中创新活动的参与者之间通过互动获得协同效应。市场和系统缺陷不利于产生协同效应，信息、组织失灵以及外在化等市场缺陷是缺乏战略信息、不同参与者或环境与外部知识机构之间的组织对话和合作的瓶颈。第二，有效运转的市场体系需要一个监督者，来促进市场的平稳运行。第三，技术和知识方面投资的社会回报率。通过使公共资助的研究和私人需求相匹配，增加公共研究开发投资的回报率。通过促进企业间的合作，同时改善公共知识基础设施，使更多的企业可以从公共研究开发努力中获益，促进知识扩散，尤其是使向中小企业的知识扩散得以增加。

（三） 区域创新政策

区域创新政策是地方政府为了影响或改变区域创新的速度、方向和规模而采取的一系列公共政策的总称。创新政策与科技政策和产业政策的目的和作用的对象各不相同。科技政策的主要目的是促进科技在一个地区的发展，作用对象是科技本身。产业政策的主要目的是鼓励或限制某些产业的发展，促进产业结构的转换和升级，实现资源在产业间的优化配置，作用对象是区域经济中特定产业部门及其相互联系。创新政策的目的是从系统的角度，推动区域创新活动，促进区域经济发展，作用对象是区域创新系统中知识流动的过程。区域创新政策具有以下特点。

（1）创新政策是政府干预区域创新活动的手段与工具。政府干预的目的是避免市场机制对创新活动的激励存在市场失灵，政府干预只是弥补市场机制不足，从社会整体利益角度进行调控，而不是以政府行为替代企业行为。

（2）创新政策是区域创新系统的重要组成部分。企业、科研机构、大学和政府是创新系统的主要构成要素，各要素相互关联、相互作用，共同影响整个系统的效率。这些要素的职能要在一系列协调统一的创新政策指导下实现。

（3）创新政策不是相关政策的简单组合。从创新政策形成与演进的过程来看，创新政策逐步从隐含在科技政策、经济政策中，到形成有特定目标和针对性的综合政策体系。尽管创新政策从部分科技政策、经济政策演化而来，但并不是各方面政策的简单组合，而是政府以推动区域创新活动为目的构建的配套、协调的政策体系。

（4）创新政策贯穿于创新过程的始终。创新的过程包括了 R & D、试制、生产、营销、扩散等各个环节，而政府普遍采用的一些政策工具，几乎覆盖了创新活动的各环节。但对创新过程的各个环节干预的方式、方法、程度等不尽相同，即同一政策可能对某些环节发挥的作用较大，而对其他环节的作用则并不明显。因此，创新政策的制定和完善，需要根据对政策执行效果的评价，做出相应的调整，明确各种政策干预的重点环节，以便有的放矢。

区域创新系统理论为政府制定创新政策提供了新思路。建立在区域创新系统基础之上的创新政策，强调企业之间以及企业与科研机构、大学之间的合作，强调促进科研机构、大学、企业与政府的关系。区域创新政策的最终目标是在参与创新的各要素间建立有效的创新网络、知识流动、联系和伙伴关系，以促进创新活动的开展。

第三章　辽宁城市创新能力及其评价

在区域经济一体化背景下，区域竞争与技术创新日益聚焦于大中城市。创新是城市的灵魂，并引导城市的发展。在城市创新系统中，科技创新是最具活力的元素，也是最能代表一个城市创新水平的因素，它是连接微观的企业创新系统和宏观的国家与区域创新系统的中间环节。同时，城市作为创新的"神经中枢"，只有区域城市化水平达到一定的层次，相应的创新才会产生。在经济全球化和新科技革命条件下，城市综合创新能力已成为提升城市综合竞争力的一项重要内容。

一、城市创新能力的内涵与评价指标

（一）城市创新能力的基本内涵

城市创新能力是城市将知识、技术等资源要素重新整合创造出新知识和新技术，并将其转化为生产力创造出新产品的能力，是城市竞争力和发展潜力的表现，是衡量城市发展质量与水平的重要标准。城市创新能力有广义与狭义之分。狭义的城市创新能力主要是从科技创新推动经济发展角度和城市发展的主导动因做出界定；广义的城市创新能力主要是将创新活动由企业扩展到社会制度文化等各个层面。具体来说，狭义上的城市创新能力是指一个城市在政府的引导和组织下，确立并推进以企业为主体要素的自主创新模式，大力培育高新技术产业集群和名牌企业、名牌产品，以技术创新或科学技术进步推动城市经济、社会的快速发展；广义的城市创新能力是指在政府的引导和组织下，整个城市形成创新的文化氛围，各个社会实践领域普遍实施自主创新战略，以各行各业的全面创新不断提升城市竞争力。参考国内外学者对企业技术创新能力和国家科技创新能力的定义，我们将城市科技创新能力定义为：在一个城市范围内，以增强城市经济增长的原动力为目标，充分发挥城市科技创新行为组织（包括大学、企业、科研机构、金融机构、中介机构和政府）的科技创新积极性，高效配置城市创新资源，将创新构想转化为新产品、新工艺和新服务的综合能力。

城市创新能力大小最直接的表现是该城市的知识创造能力、知识流动能力、企业技术创新能力和创新产出能力四个方面。这四个方面是看得见、摸得着的，可以称之为显性创新能力；另外，该城市的创新环境（包括制度）、创新投入虽不直接构成显性创新能力，但对创新能力的形成和发展具有决定性的影响，决定着该城市未来创新能力的发展潜力，两个因素可以称之为潜在创新能力。

（二）城市创新能力的理论特征

1. 创新性

从整体来看，城市创新能力首先表现为一种城市发展观念的创新和发展模式的创新，而从城市内部系统而言，这种创新性主要表现为科技创新、体制创新、管理创新和文化创新等城市系统内部各个方面的综合创新，其中科技创新包含知识创新和技术创新，是城市创新的核心表现形式；体制创新、管理创新和文化创新是城市创新的基础和保障条件，城市的创新投入较高，尤其是研究与发展资金投入占国民生产总值的比重较高。最重要的是创新产出高，即自主创新能力较强，拥有一大批技术创新成果，尤其是拥有一批核心发明专利，科技进步贡献率比较高，一般达到70%以上。

2. 集聚性

创新能力的提高离不开城市创新型产业和企业的集聚。相互关联、高度专业化的产业有规律地集聚在城市区域，形成各具特色的创新产业集群和规模经济，特别是那些信息需求量较大和彼此合作频繁的知识密集型产业，集聚性会减少交易费用和生产成本。创新型城市是研发资源的高密度聚集区和区域性科技研发中心、产业链的"高端"节点集聚地及区域性新兴产业中心、品牌资源密集区和大批创新型企业的营销窗口或营销创新舞台、公司总部聚集地和区域性企业运营中心。创新产业的集聚带来了专业化创新人才的集聚，而专业人才集聚在一起，又进一步激发了人们的创新热情和创新精神，有利于新思想和新技术的产生。这样，创新产业和创新人才的集聚就出现了一种自强化机制，推动城市经济良性发展。

3. 系统性

一个城市创新能力的提高是一个关系复杂、涉及因素众多、各子系统协调运作的结果。比如从构成要素上看，要提高城市创新能力必须具备创新主体（企业、大学、科研机构等）、创新资源（基础设施、信息网络、资金、技术等）、创新制度（激励、竞争、评价和监督等）等各个系统的共同协作，没有市场结构、制度规章、政府管理和城市文化等各方面的良性运转，没有全社会的支持，没有各行各业的参与，也就难以构筑起真正有效的创新体系。

4. 开放性与自主性

城市创新体系通过与外界企业、大学和其他机构的交流与合作，使城市可以在更广阔的范围内实现技术、人才和知识等资源的高效集成配置，同时系统内部的各个子系统也是相互开放的，物流、资金流、人力资源等可以自由地流动。同时通过技术和产品的辐射，尽可能地带动周边地区的发展。与此同时，自主创新能力不断提高，对引进技术的依存度较低，一般不超过30%。利用自主创新，实现经济增长方式的根本转变。

5. 地方特色性

城市本身有其特色，不同的城市具有不同的经济与社会发展基础，再加上地理位置、自然环境、资源禀赋、历史文化等多方面的差异，所以城市创新能力的提高不可能沿用一种模式或一条发展道路，应该充分发挥地方特色，因地制宜，实现城市创新能力的针对性提高。比如：学习型城市将创新和学习作为发展的核心，通过全民学习、创新应用和新兴技术来支撑经济发展；知识型城市就是在知识经济发展进程中，从战略上有目的地鼓励知识培育、技术创新、科学研究和提升创造力；高科技城市将高科技产业作为支柱产业，通过科技合作发展城市经济，将高科技与城市发展紧密结合起来。

（三）城市创新能力评价指标体系

1. 指标体系构建的基本原则

（1）科学性与现实性原则。指标体系的设计必须建立在科学的基础上，客观真实地反映各市县知识和技术的现状存量和运行效率以及未来知识产业的潜在发展能力。反映地区知识经济创新的目标构成、目标和指标之间的真实关系。同时，指标体系的建立也要考虑现实性原则。鉴于我国的创新实际，应立足于国情和当地实际情况，从科学的角度出发，尽可能选取能够反映地区创新发展能力的衡量指标，以求对地区创新能力有一个真实、客观的评价。

（2）系统整体性原则。构造城市创新能力评价指标是一项复杂的系统工程，必须真实反映各市县自然和人文社会环境、产业结构、政府政策等各个侧面的基本特征。各侧面指标间相互独立，又相互联系，共同构成一个有机整体。指标体系从宏观到微观层层深入，形成一个完善的评价系统，反映不同地区从综合到分类的创新水平和能力。

（3）可操作性原则。创新还是一个较新的概念，而创新能力评估也还处在探索阶段。同时，由于各个地区的经济、社会、科技、教育等条件与水平的不同，创新所面对的问题也就各不相同。而要对区域间创新能力进行比较，又要求指标要具有统一性。因此，指标的选取要在较准确反映各地区创新能力发展的基础上，尽量选取具有共性的综合性指标。一方面指标资料要易于获取；另一方面定量指标可直接量化，而定性指标能间接赋值量化。

（4）动态连续性原则。创新能力是一个动态发展、不断提高的过程。因此，指标体系必须能够反映各地区知识部门和产业发展的现状、潜力以及演变趋势，并能揭示其内在发展规律。指标选取时，应使静态指标与动态指标相结合，利用静态指标反映待测领域知识创新的现状水平，利用动态指标预测知识创新能力的发展前景。

2. 指标的选取

评价指标的选取是一项复杂的系统工程，要求评价者对评价系统有充分的认识。目前国内外虽然提出了不少城市创新能力、创新型城市或区域创新能力的评价指标体系，但在评价指标的选择方面仍存在以下问题：一是无论是国内还是国外的研究分析，关于城市创新能力指标体系至今仍然莫衷一是，没有统一的理论基础，也没有固定的分析框架，指标的选取缺乏一定的科学性和合理性，主观成分较大，其结果是指标体系中存在信息重叠和缺失两个较为严重的缺点，影响评价结果的准确性。二是评价者为追求指标体系的完备性，不断提出新指标，指标体系数目不断增大，可操作性降低；同时缺乏科学有效的指标选取方法，大部分依靠评价者的主观经验选择，存在很大的主观性，其结果指标体系中存在信息重叠和缺失两个较为严重的缺点，最终影响评价结果的准确性。三是对于指标与创新之间是否存在相关性缺乏必要的分析，使得指标体系的科学性和公信力受到了一些质疑。

目前指标的选取方法主要分为主观法和客观法两类。主观法是研究者基于对评价对象的内涵和发展趋势的主观判断来选取一些相对重要的指标构成评价指标体系；客观法是基于统计分析方法等定量手段，从数量庞大的备选指标中选取那些相关性或关联性小、独立性强的指标组成指标体系。主观法主要包括层次分析法、理论分析法、专家咨询法等；客观法主要有频度分析法、主成分分析法、因子分析法、变异系数法和熵值法等。主观法和客观法各有优缺点。主观法，尤其是专家咨询法有利于充分发挥专家丰富的专业知识和实践经验，还可以通过征集评价相关方的意见和建议，集思广益。这样选定的指标可以体现出人们对指标所表征内容的重视程度与主观要求以及指标的价值属性，但也因此具有人为的随意性和意见难以统一等缺点。客观法通过对数据的定量计算的结果，选取相关性小、独立性强的指标，具有指标信息重叠少、概括性与代表性强以及避免主观随意性等优点，但也有自身无法解决的缺陷：一是严重依赖样本，样本不同结果可能不同；二是无法体现人们对某个指标的重视程度和价值属性。

　　根据评价指标体系构建的基本原则以及城市创新能力的主要内容和基本特征，主观法和客观法相结合构建整体评价体系和选取相关指标。将城市创新的评价体系分为三个层次，即总指标、主类指标和子类指标。主类指标包含两个层面：一是创新基础与支撑能力类指标；二是技术产业化能力指标。子类指标包含 12 个统计指标，具体指标见表 3 - 1。

表 3 - 1　　　　　　　　辽宁城市创新能力评价指标体系

总指标	主类指标	子类指标
创新能力	创新基础条件与支撑能力	① 教育支出占 GDP 比重
		② 科学技术支出占 GDP 比重
		③ 科学技术人员占从业人员比重
		④ 每万人互联网用户数
		⑤ 工业废物综合利用率
		⑥ 城区建成区绿化覆盖率
	技术产业化能力	⑦ 每千人工业企业数
		⑧ 信息软件业从业人员占服务业比重
		⑨ 人均工业总产值
		⑩ 人均地区生产总值
		⑪ 第三产业占 GDP 比重
		⑫ 每万人吸引外商投资额

二、辽宁城市创新能力评价实证分析

（一）实证分析方法

在采用上述评价指标体系，对辽宁城市创新能力进行多指标综合评价时，需要解决两大问题：一是评价指标的赋权问题；二是指标之间的相关性问题。因子分析法正是解决上述两个问题的一种非常有效的多元统计方法。因子分析是多元统计分析中常用的一种方法，是通过研究众多变量间的内部依赖关系，寻求这些数据的基本结构，并用少数几个被称为公因子的不可观测变量来表示基本数据结构。

1. 因子分析法的基本原理

因子分析法的基本思想是将观测变量进行分类，将相关性较高，即联系比较紧密的分在同一类中，而不同类变量之间的相关性则较低，那么每一类变量实际上就代表了一个基本结构，即公共因子。对于所研究的问题就是试图用最少个数的不可测的公共因子的线性函数与特殊因子之和来描述原来观测的每一分量。这样，就能相对容易地以较少的几个因子反映原资料的大部分信息，而这些公共因子能够反映原来众多变量所代表的主要信息，从而达到简化数据结构、方便研究的目的。

因子分析法的核心是对若干综合指标进行因子分析并提取公共因子，再以每个因子的方差贡献率作为权数与该因子的得分乘数之和构造得分函数。因子分析法的数学表示为矩阵：

$$X = AF + B$$

即

$$\begin{cases} x_1 = \alpha_{11}f_1 + \alpha_{12}f_2 + \alpha_{13}f_3 + \cdots + \alpha_{1k}f_k + \beta_1 \\ x_2 = \alpha_{21}f_1 + \alpha_{22}f_2 + \alpha_{23}f_3 + \cdots + \alpha_{2k}f_k + \beta_2 \\ x_3 = \alpha_{31}f_1 + \alpha_{32}f_2 + \alpha_{33}f_3 + \cdots + \alpha_{3k}f_k + \beta_3 \quad (k \leqslant p) \quad (3-1) \\ \qquad \cdots\cdots\cdots\cdots \\ x_p = \alpha_{p1}f_1 + \alpha_{p2}f_2 + \alpha_{p3}f_3 + \cdots + \alpha_{pk}f_k + \beta_p \end{cases}$$

模型中，向量 X（x_1，x_2，x_3，$\cdots$，x_p）是可观测随机向量，即原始观测变

量。$F(f_1, f_2, f_3, \cdots, f_k)$ 是 $X(x_1, x_2, x_3, \cdots, x_p)$ 的公共因子，即各个原如观测变量的表达式中共同出现的因子，是相互独立的不可观测的理论变量。公共因子的具体含义必须结合实际研究问题来界定。$A(\alpha_{ij})$ 是公共因子 $F(f_1, f_2, f_3, \cdots, f_k)$ 的系数，称为因子载荷矩阵，α_{ij} ($i=1, 2, \cdots, p; j=1, 2, \cdots, k$) 称为因子载荷，是第 i 个原有变量在第 j 个因子上的负荷，或可将 α_{ij} 看作第 i 个变量在第 j 公共因子上的权重。α_{ij} 是 x_i 与 f_j 的协方差，也是 x_i 与 f_j 的相关系数，表示 x_i 对 f_j 的依赖程度或相关程度。α_{ij} 的绝对值越大，表明公共因子 f_j 对于 x_i 的载荷量越大。$B(\beta_1, \beta_2, \beta_3, \cdots, \beta_p)$ 是 $X(x_1, x_2, x_3, \cdots, x_p)$ 的特殊因子，是不能被前 k 个公共因子包含的部分，这种因子也是不可观测的。各特殊因子之间以及特殊因子与所有公共因子之间都是相互独立的。

2. 模型的统计意义

因子载荷矩阵 A 中有两个统计量对因子分析结果的经济解释十分重要，即变量共同度和公共因子的方差贡献。

（1）变量共同度的统计意义。变量共同度是因子载荷矩阵 A 的第 i 行的元素的平方和。记为：$h_i^2 = \sum_{j=1}^{k} \alpha_{ij}^2$ ($i=1, 2, \cdots, p$)。

它衡量全部公共因子对 x_i 的方差所做出的贡献，反映全部公共因子对变量 x_i 的影响。h_i^2 越大，表明 X 对于 F 每一分量的依赖程度越大。

对式（3-1）两边取方差，得

$$\mathrm{Var}(x_i) = \alpha_{i1}^2 \mathrm{Var}(f_1) + \alpha_{i2}^2 \mathrm{Var}(f_2) + \cdots + \alpha_{ik}^2 \mathrm{Var}(f_k) + \mathrm{Var}(\beta_i)$$

$$= \sum_{j=1}^{k} \alpha_{ij}^2 + \sum_{i=1}^{p} \beta_i^2 \qquad (3-2)$$

如果 $h_i^2 = \sum_{j=1}^{k} \alpha_{ij}^2$ 的结果接近 $\mathrm{Var}(x_i)$，且 β_i^2 非常小，则因子分析的效果就比较好，从原变量空间到公共因子空间的转化性质就好。

（2）公共因子的方差贡献的统计意义。因子载荷矩阵中各列元素的平方和记为：$g_j^2 = \sum_{i=1}^{p} \alpha_{ij}^2$ ($j=1, 2, \cdots, k$)。

g_j^2 称为公共因子 $F(f_1, f_2, f_3, \cdots, f_k)$ 对 $X(x_1, x_2, x_3, \cdots, x_p)$ 的方差贡献，表示第 j 个公共因子 f_j 对于 x 的每一个分量 x_i ($i=1, 2, \cdots, p$) 所提供的方差的总和，是衡量公共因子相对重要性的指标。

对式（3-2）进行变换，得

$$\mathrm{Var}(x_i) = \alpha_{i1}^2 \mathrm{Var}(f_1) + \alpha_{i2}^2 \mathrm{Var}(f_2) + \cdots + \alpha_{ik}^2 \mathrm{Var}(f_k) + \mathrm{Var}(\beta_i)$$

$$= \sum_{j=1}^{k} g_j^2 + \sum_{i=1}^{p} \beta_i^2$$

g_j^2 越大，表明公共因子 $\boldsymbol{F}(f_1, f_2, f_3, \cdots, f_k)$ 对 $\boldsymbol{X}(x_1, x_2, x_3, \cdots, x_p)$ 的贡献越大，或者说对 $\boldsymbol{X}(x_1, x_2, x_3, \cdots, x_p)$ 的影响和作用就越大。如果将因子载荷矩阵 $\boldsymbol{A}$ 的所有 $g_j^2 (j = 1, 2, \cdots, k)$ 都计算出来，使其按照大小排序，就可以依此提炼出最有影响力的公共因子。

因子分析的目的之一在于对原始变量的数目进行分门别类的综合评价，如果因子分析结果保证了因子之间的正交性（不相关），但对因子不易命名，就可通过对因子模型进行旋转，使得公因子载荷系数向更大或更小的方向变化，从而使公因子的命名和解释变得更加容易。因子分析不但可以通过求协方差矩阵或相关系数矩阵的特征值，在保证原始信息丢失最少的原则下，按指定的贡献率从原始指标中集中抽取互不相关的主因子，以再现它们之间的内在联系，解决创新型城市评价研究的指标赋权和相关性问题，实现简化评价指标降维的目的。因子分析法还可以以每个抽取出来的主因子的方差贡献率作为权重，构造一个综合评价函数，然后根据综合评价函数对城市创新能力进行评价。其次，因子分析法作为一种客观赋权的多指标综合评价方法，可以避免主观赋权的不确定性。描述创新型城市发展程度的统计指标之间常常存在很强的相关性，使得研究工作复杂化。采用因子分析的方法，从反映特征的变量中提取几个主要公因子，在减少原始变量的同时，使包含的信息量相对损失较少，进而分析影响创新型城市建设的主要因素。因子分析方法可以有效解决评价指标赋权和相关性两个问题。因此，本书拟采用因子分析法来对辽宁城市创新能力进行定量分析。

（二）实证分析结果

1. 辽宁 14 个地级市创新能力评价

从创新基础条件与支撑能力和技术产业化能力两类定量分析数据可以看出，大连、沈阳创新能力排在全省的前两名，得分远高于省内其他城市。营口、辽阳、铁岭、锦州、本溪、抚顺、盘锦、丹东、鞍山是省内创新能力的第二集团，得分差距不大，分列全省的第三位至第十一位；葫芦岛、阜新、朝阳列全省的第十二位至第十四位（见表 3 - 2）。

表 3 - 2　　　　　　　　　2013 年辽宁各市城市创新能力评价结果

地区	创新能力得分	排名	创新基础条件与支撑能力得分	排名	技术产业化能力得分	排名
大连	0.86	1	0.68	2	0.94	1
沈阳	0.77	2	0.73	1	0.68	2
营口	0.50	3	0.45	8	0.51	3
辽阳	0.43	4	0.47	6	0.33	8
铁岭	0.43	5	0.60	3	0.31	10
锦州	0.42	6	0.49	5	0.27	11
本溪	0.41	7	0.36	11	0.41	5
抚顺	0.40	8	0.50	4	0.36	7
盘锦	0.40	9	0.27	13	0.49	4
丹东	0.39	10	0.38	10	0.32	9
鞍山	0.37	11	0.30	12	0.40	6
葫芦岛	0.36	12	0.47	7	0.17	13
阜新	0.33	13	0.43	9	0.22	12
朝阳	0.20	14	0.26	14	0.10	14

（1）创新基础条件与支撑能力评价。创新基础条件与支撑能力包括教育支出比重、科技支出比重、科技从业人员比重、互联网用户比例、工业废物利用率和城市绿化水平等 6 个方面。从辽宁省 14 个市的评价结果来看，沈阳、大连、铁岭创新基础条件与支撑能力列辽宁省前三位；抚顺、锦州、辽阳、葫芦岛、营口、阜新列辽宁省的第四位至第九位；丹东、本溪、鞍山、盘锦、朝阳列辽宁省的第十位至第十四位（见表 3 - 3）。

（2）技术产业化能力评价。技术产业化能力包括人均企业数量、信息软件业比重、人均工业总产值、第三产业比重、人均吸引外资额等 6 个方面。从评价结果来看，大连技术产业化能力排名辽宁省第一，得分遥遥领先于其他城市，沈阳、营口、盘锦列辽宁省的第二位至第四位，本溪、鞍山、抚顺、辽阳、丹东、铁岭列辽宁省的第五位至第十位，锦州、阜新、葫芦岛、朝阳列辽宁省的十名之外（见表3-4）。技术产业化能力是城市科技创新的重要基础条件，从排名情况来看，基本符合各市的情况和发展阶段，但从结果来看，辽宁省内各市由于经济发展不均衡、经济实力和发展程度差距较大，导致了省内各市技术产业化能力发展不均衡，大连得分最高，为0.94，是朝阳得分的9倍多（见表3-2）。

表3-3　　　　　2013年辽宁各市创新基础条件与支撑能力评价结果

地区	教育支出占GDP比重/%	科学技术支出占GDP比重/%	科学技术人员占从业人员比重/%	每万人国际互联网用户数/户	工业废物综合利用率/%	建成区绿化覆盖率/%	创新基础条件与支撑能力得分	排名
沈阳	15.59	3.22	4.88	2426	95.19	42.22	0.73	1
大连	15.37	4.41	1.96	2399	95.56	44.68	0.68	2
铁岭	16.95	1.85	2.22	965	69.14	46.66	0.60	3
抚顺	16.06	1.27	1.81	1617	23.36	41.92	0.50	4
锦州	16.45	1.20	2.88	1623	72.58	39.01	0.49	5
辽阳	15.93	1.47	1.89	1628	72.59	40.67	0.47	6
葫芦岛	17.27	1.23	2.06	1159	58.88	48.76	0.47	7
营口	15.87	1.59	1.04	1579	84.33	39.38	0.45	8
阜新	14.27	0.82	1.34	1543	89.45	40.26	0.43	9
丹东	17.30	0.71	4.36	1495	26.98	26.34	0.38	10
本溪	13.81	1.36	1.22	1956	15.09	48.01	0.36	11
鞍山	11.42	0.85	3.63	1783	24.78	37.78	0.30	12
盘锦	15.88	1.02	1.04	1645	0.00	37.78	0.27	13
朝阳	17.05	0.98	1.36	1002	55.53	22.48	0.26	14

表 3 – 4　　　　　2013 年辽宁各市技术产业化能力评价结果

地区	每千人工业企业数/家	信息软件业从业人员占服务业比重/%	人均工业总产值/元	人均地区生产总值/元	第三产业占GDP比重/元	每万人吸引外商投资额/%	技术产业化能力得分	排名
大连	53	6.22	175345	102922	41.65	2092.18	0.94	1
沈阳	56	2.54	175255	80480	43.99	800.83	0.68	2
营口	62	2.44	112578	56583	39.00	516.12	0.51	3
盘锦	39	1.44	191940	87153	23.53	1250.32	0.49	4
本溪	37	2.16	143800	64459	33.94	301.19	0.41	5
鞍山	34	1.61	85225	69211	41.65	363.97	0.40	6
抚顺	42	2.18	110924	58512	33.53	57.63	0.36	7
辽阳	39	1.98	116989	53877	30.50	250.07	0.33	8
丹东	34	3.03	53552	42171	36.13	499.42	0.32	9
铁岭	53	2.28	114407	32130	28.38	133.09	0.31	10
锦州	26	2.44	79553	40002	35.10	326.16	0.27	11
阜新	30	3.52	40376	31049	31.92	95.50	0.22	12
葫芦岛	12	2.49	36251	27709	39.00	189.29	0.17	13
朝阳	21	2.04	36846	30765	28.24	53.15	0.10	14

2. 辽宁县级城市创新能力的评价

一般认为，工业化是建立创新型国家的基础，只有工业化水平发展到一定阶段的区域才具备创新潜力，才能集聚足够的知识和资金来发展科技。而工业化水平较低的区域则是创新成果服务的主要对象，创新能力和潜力都比较低。辽宁由于历史沿革、经济基础、自然条件、社会环境等的不平衡性，不同地区在工业化程度上具有较大差别，特别是县域。因此，在评价之前，首先要对辽宁各县域进行工业化水平划分，对工业化水平已经进入中期发展阶段的县域进行创新能力评价。

（1）辽宁工业化水平划分。工业化一般是指传统农业及其就业人口比例不断下降，工业及其就业人口比例不断上升，整个社会经济从农业社会向现代工业社会发展的过程。按照工业化进程理论和工业化发展阶段判定的一般标准，本书选用了人均 GDP、三次产业产值结构、人口城市化率等三项指标，再结合各县域的经济实力，综合衡量辽宁各县域的工业化水平，评价其所处的工业化阶段。经过测算，辽宁共有 20 个县域工业化水平较高，已经处于或接近工业化中期阶段，总体经济实力较强，具有较强的创新潜力及较多的创新支撑条件。因此，对这 20 个县域进行了创新能力的评价，其他县域由于处于工业化初期前段，创新支撑条件较弱，创新能力较低，未进行评价。

（2）辽宁部分县级城市创新能力评价。在县域创新能力评价中，采用与城市创新能力评价基本相同的指标体系（见表 3 - 5），个别指标由于缺乏数据予以剔除，对选定的 20 个县域进行了创新能力的评价。

表 3 - 5　　　　　　　　　辽宁县域创新能力评价指标体系

主类指标	子类指标
创新基础条件与支撑能力	① 教育支出占 GDP 比重
	② 科学技术支出占 GDP 比重
	③ 专业技术人员占从业人员比重
	④ 每万人互联网用户数
	⑤ 城区建成区绿化覆盖率
技术产业化能力	⑥ 每千人工业企业数
	⑦ 人均工业总产值
	⑧ 人均地区生产总值
	⑨ 第三产业占 GDP 比重
	⑩ 每万人吸引外商投资额

评价结果显示，创新能力排在前五位的分别是开原市、瓦房店市、本溪县、凤城市和清原县。其中，开原市创新基础条件和支撑能力与技术产业化能力都比较强，创新能力较为均衡，因此综合实力位居第一；瓦房店市是技术产业化能力较强，创新基础条件和支撑能力相对较为薄弱；本溪县和清原县是创新基础条件和支撑能力较强，技术产业化能力比较薄弱；凤城市是创新基础条件和支撑能力要稍强于技术产业化能力（见表 3 - 6）。

表 3 - 6   2013 年辽宁县域创新能力评价结果

地区	创新能力得分	排名	创新基础条件与支撑能力得分	排名	技术产业化能力得分	排名
开原市	0.57	1	0.53	4	0.61	3
瓦房店市	0.55	2	0.37	9	0.75	1
本溪县	0.44	3	0.63	1	0.22	15
凤城市	0.42	4	0.51	6	0.32	13
清原县	0.42	5	0.60	2	0.22	16
庄河市	0.41	6	0.31	15	0.52	4
桓仁县	0.40	7	0.57	3	0.20	18
法库县	0.40	8	0.34	11	0.47	6
辽中县	0.39	9	0.15	19	0.65	2
宽甸县	0.37	10	0.52	5	0.21	17
普兰店市	0.37	11	0.35	10	0.39	8
大石桥市	0.34	12	0.32	12	0.37	9
新民市	0.34	13	0.32	13	0.36	10
海城市	0.32	14	0.18	18	0.49	5
岫岩县	0.31	15	0.44	7	0.16	19
东港市	0.29	16	0.20	16	0.40	7
灯塔市	0.28	17	0.32	14	0.24	14
辽阳县	0.26	18	0.39	8	0.12	20
调兵山市	0.26	19	0.20	17	0.35	11
台安县	0.22	20	0.12	20	0.33	12

从辽宁 20 个县域创新基础条件与支撑能力评价来看，排在前五位的分别是本溪县、清原县、桓仁县、开原市和宽甸县。其中，本溪县和清原县除了每万人互联网用户数相对较少外，其他指标均好于大部分县域，因此支撑能力较强；桓仁县各项指标发展比较均衡，优势都较为明显；开原市的优势指标是科学技术支出占 GDP 比重、专业技术人员占从业人员比重、每万人互联网用户数；宽甸县的优势指标是教育支出占 GDP 比重、建成区绿化覆盖率（见表 3 - 7）。

表 3 - 7   2013 年辽宁县域创新基础条件与支撑能力评价结果

地区	教育支出占GDP比重/%	科学技术支出占GDP比重/%	专业技术人员占从业人员比重/%	每万人国际互联网用户数/户	建成区绿化覆盖率/%	创新基础条件与支撑能力得分	排名
本溪县	3.09	0.21	57.57	216	75.44	0.63	1
清原县	3.35	0.31	21.39	753	71.09	0.60	2
桓仁县	3.04	0.23	21.97	1064	78.38	0.57	3
开原市	1.79	0.26	53.93	1448	50.29	0.53	4
宽甸县	3.21	0.03	36.06	471	82.13	0.52	5
凤城市	2.01	0.01	31.20	4343	53.72	0.51	6
岫岩县	1.48	0.05	28.86	2387	73.53	0.44	7
辽阳县	1.74	0.43	3.12	350	51.24	0.39	8
瓦房店市	1.53	0.03	52.95	1747	35.70	0.37	9
普兰店市	1.60	0.04	64.60	522	31.25	0.34	10
法库县	2.61	0.12	35.34	673	29.23	0.34	11
大石桥市	1.42	0.12	36.88	1070	35.46	0.32	12
新民市	2.43	0.03	42.51	867	18.42	0.32	13
灯塔市	2.02	0.12	47.51	469	15.58	0.32	14
庄河市	1.75	0.06	36.61	634	41.65	0.31	15
东港市	1.77	0.01	25.17	696	21.55	0.20	16
调兵山市	1.54	0.16	6.74	1340	12.34	0.19	17
海城市	0.81	0.02	22.32	1063	36.72	0.18	18
辽中县	1.92	0.02	6.12	1036	14.58	0.15	19
台安县	0.77	0.01	16.27	971	27.03	0.12	20

从辽宁 20 个县域技术产业化能力评价来看，排在前五位的分别是瓦房店市、辽中县、开原市、庄河市和海城市。其中，瓦房店市的弱项是第三产业占GDP 比重，其余指标优势都十分明显，特别是每万人吸引外商投资额指标排名第一，而且金额是排在第二的庄河市的近三倍；辽中县和开原市的优势指标是每千人工业企业数和人均工业总产值，弱项是每万人吸引外商投资额；庄河市的优势指标是每万人吸引外商投资额，弱项是第三产业占 GDP 比重；海城市的优势指标是第三产业占 GDP 比重，弱项是人均工业总产值（见表 3 - 8）。

表 3-8   2013 年辽宁县域技术产业化能力评价结果

地区	每千人工业企业数/家	人均工业总产值/元	人均地区生产总值/元	第三产业占GDP比重/%	每万人吸引外商投资额/元	技术产业化能力得分	排名
瓦房店市	79	172911	95542	23.83	2045.91	0.75	1
辽中县	93	241396	85517	27.78	98.10	0.65	2
开原市	79	197425	88611	31.93	132.29	0.61	3
庄河市	57	168420	83421	24.74	718.23	0.52	4
海城市	52	100818	73655	45.72	184.93	0.49	5
法库县	72	238896	60461	21.50	179.57	0.47	6
东港市	42	77457	78240	37.52	215.88	0.40	7
普兰店市	44	122621	76881	25.21	537.06	0.39	8
大石桥市	43	103636	69726	31.15	326.67	0.37	9
新民市	54	157412	59907	25.61	144.22	0.36	10
调兵山市	38	115011	77635	27.53	173.64	0.35	11
台安县	46	95401	65766	30.30	134.43	0.33	12
凤城市	35	45075	73263	35.89	174.84	0.32	13
灯塔市	45	136934	50758	21.37	47.19	0.24	14
本溪县	32	70606	57011	28.66	151.13	0.22	15
清原县	48	94763	41558	27.60	8.96	0.22	16
宽甸县	36	44053	45260	33.78	233.12	0.21	17
桓仁县	22	31567	52402	34.87	267.63	0.20	18
岫岩县	30	66508	40722	30.63	62.75	0.16	19
辽阳县	42	90606	41839	15.54	35.34	0.12	20

三、增强辽宁城市综合创新能力的基本思路及其对策

(一) 明确不同主体的创新功能

增强城市综合创新能力是所有创新主体共同努力的结果，取决于创新主体

的创新意识、创新素质和创新能力的提升。但由于各创新主体在创新系统中所处的地位和作用不同，所以要明确不同主体的创新功能，以形成创新中的协同。

政府在创新系统中主要是承担制度、管理、政策层面的创新功能，营造一个良好的创新环境，并通过建立强有力的政策支持体系为企业进行技术创新活动提供五个层面的支援：一是财务支援，主要通过研究开发补助、融资与风险性资金提供来支援科技活动的发展。二是人力支援，主要是提供教育、人才培训与产学研的合作，营造人才高地，建立符合市场规律要求的人才机制，形成人才自由流动、双向选择、公平竞争、机会均等的人才管理和使用制度。三是技术支援，主要是提供技术辅导、设立相关的研究机构、提供信息咨询服务、加强国家实验室或研究机构的功能、协助技术引进与转移。积极推进和参与知名公司和科研机构共同建立研究开发机构。政府免费或优惠为国内著名院校提供科技产业基地，注资支持企业与科研院所进行的重大产业化项目。四是需求支援，主要通过提供委托研究、政府采购开发产品等来鼓励创新活动。例如，明确规定政府各部门优先采购本地有自主知识产权的高新技术产品，每年发布下一年或几年的政府采购项目（主要制定采购对象的基本标准，如环保、节能等方面的要求），以达到引导、推动高新技术产业发展的目的。五是环境支援，主要通过提供减免税优惠等各项鼓励措施，优化产业发展环境；通过加快改善城市的生活基础设施，创造良好的生活条件，为广泛吸引海内外优秀人才前来工作提供高质量的生活环境等。

企业在创新系统中主要承担产品开发、市场开拓、技术进步和服务层面的创新功能，直接参与应用创新的知识和新技术、新工艺，采用新的生产方式和经营管理模式，提高产品质量，开发生产新的产品，提供新的服务，占据市场并实现市场价值等活动。在此过程中，不仅要增强企业的技术能力，而且要同时增强企业的决策能力、工程能力、生产能力和市场开拓能力等。

居民在创新系统中主要是通过其消费、投资、教育、生活方式等方面与科研、生产过程形成交互关系，直接或间接参与和作用于创新活动。因此，不仅要引导和改善居民的消费和投资观念、生活方式和行为方式等，通过市场信号反馈间接影响企业的创新活动，而且还要创造条件（通过网络化）使消费者与生产者形成互动关系，让消费者直接参与创新过程。

（二）确定综合创新能力的发展方向与重点

增强城市综合创新能力是一个过程，一项系统工程。但在实际操作中，则要根据现阶段的实际状况来确定增强城市综合创新能力的方向与重点，在一些薄弱环节或关键方面有重大的突破性进展。

在技术层面，主要解决研究与开发（R & D）投入、基础研究与应用技术的协同、产品创新、服务创新、业态创新、产业关联等问题。在制度层面，主要解决法律法规、体制、组织、管理等问题。政府要制定相应的法律和法规，如投资法、技术创新法、加强小企业研究发展法、技术转移法、技术扩散法等，以形成对风险投资、知识产权、技术转让、技术扩散等强有力保护的法律体系。特别是在知识产权制度、分配制度、科技管理制度、组织人事制度等方面要有重大突破，通过对知识产权交易、知识或科技成果参与企业分配、知识产权保护等方面制订规范，切实保护技术创新者和风险投资者的利益，完善法制环境。

在文化层面，主要解决生产、流通、分配、消费、竞争、开放、价值等观念问题。通过强化科技兴市观念、风险观念、合作精神、开拓创新精神、包容精神，培育开放的创新文化环境，进一步优化人文环境。领导者不仅自己要有创新意识，而且应使全体市民树立创新意识，不仅倡导创新，而且应鼓励广大人民群众实施创新，通过组织和参与各种创新活动，充分调动广大群众的创新积极性，形成一种人人推崇创新的良好氛围。

（三）增强不同创新领域、不同创新环节之间的耦合

增强城市综合创新能力，要遵循系统性的内在规律，强调不同创新领域、不同创新环节之间的耦合，以提高综合创新的经济效益和社会效益。

在科技创新成果产业化的过程中，要促进科研院所与企业技术创新的耦合。这不仅要求科研院所和企业都进入创新体系，建立起系统集成创新关系，而且还要强调创新活动的合理分工，各有其发展重点，并从全社会创新的角度予以适当的功能定位。例如，公共研究机构直接从事一些科研成果转化工作是必要的，但在全社会创新体系中，其更大的作用在于成为向全社会提供间接知识的源泉。虽然对于那些以科学为基础的行业，存在着从科学发现到技术发展的直接联系，但对于大多数行业来讲，由于基础研究与创新的时间差，这种直接联系受到限制。这些行业部门需要进行相当大的调整，以适应技术创新的多重资源。相对而言，对于许多部门来讲，通过知识基地和技术网络的一般通道从公共研究机构到企业的知识间接流出量是相当大的。因此，公共研究部门作为直接的科学技术来源的作用，还不如作为间接知识源泉更为重要。

在新产品和新服务的开发中，要促进生产、流通、分配、消费等环节的耦合。要改变过去那种把创新仅仅看作科研机构和大学、高新技术企业等部门的事情的观念，培育多元化的创新主体，促进政府、企业与科研部门以及个人部门都进入这一特定体系。同时，建立更好的分配体系以在平等基础上进行创新资源的结构性分布调整，在企业内、企业间、企业与其他机构间形成新的组织形式，使所有部门、企业和个人都能参与创新活动。在创新能力的培养上，形成经济与教育、科技、文化等不同领域的耦合。要把增加 R&D 投入、鼓励发明与创造、开展全民科技普及活动和强化素质教育、职业培训、终身教育，以及提高创新意识、弘扬民族创新精神等结合起来。

（四）塑造有利于综合创新的市场机制

为了保证综合创新能力源源不断地持续发展，不能仅靠政策推动，更要依赖于一种持久作用的市场机制以及良好的创新环境。

在激励机制方面，为使各行为主体在这一特定体系中发挥各自的作用，就需要形成一种激励多元化主体创新行为，不断提高其创新能力的新机制，特别是把创新纳入到要素配置的体系之中，并且在参与企业经营和分配的过程中充分实现其应有的经济价值。因此，要推进分配体制改革，充分发挥市场对人才资源配置的基础性作用，大胆探索和试行包括技术创新成果参与分配、技术作价入股、科技人员持股经营、对技术开发成果进行奖励等具体方式的知识资本化机制，并突破现行的知识资本化的股份比例的限制，依市场规律由企业自主决定，扩大知识资本化的范围。允许专利之外的知识资本，包括非专利型技术、管理和经营技术也能入股，加大政府对优秀人才的奖励力度，保证技术创新者、企业经营者、风险投资者取得与其贡献相称的高额报酬，以鼓励有关人员进一步为高新技术产业各尽所能。

在竞争机制方面，充分、有效的竞争是企业创新的重要外部推动力量。在竞争机制作用下，改进生产技术和方法以及组织等方面的创新，将提高劳动生产率，从而不仅能实现利润，而且能获得超额利润。因此，要通过强化竞争机制来强有力地驱动不断创新。事实上，产权激励也只有在市场竞争的前提下才能有效地刺激创新者进行创新活动，增进创新绩效。

在人才流动机制方面，创新是要由人来做的，人员的创新能力与网络关系能力是实施全社会创新的关键。先进技术上的投资必须与这种人员"运用能力"相匹配，而这种能力在很大程度上取决于经验、资历、拥有的知识以及劳动力流动。此外，无论是以正式的，还是非正式为基础的个人间相互作用，在产业内部及研究机构与企业之间都是一种重要的创新扩散渠道。在全社会创新体系中，拥有知识的人才流动是一个关键性的流动机制。因此，要打破人才使用的凝固化与封闭化，除了建立从业岗位变动的人才流动机制外，还要进一步完善社会兼职的人才流动机制。必须通过各种教育、培训、轮岗等渠道，实施终身学习计划，以提高全民素质，培育一流的劳动力队伍。

在知识产权保护机制方面，知识资产具有一定的公共品属性，每增加一个使用者的成本几乎为零。创新知识产生后，传播得越快，应用得越广，对整个社会越有利，但这种无屏障的创新"外溢"又会导致"搭便车"行为，人们不愿为创新知识付费，总想在别人创新之后供自己免费享用，这无疑会严重削弱创新者的积极性，从长远看，必将导致整个社会创新能力的衰竭。因此，要保证创新的不竭动力，就必须在制度上做出合理安排和确立"创新产权"，赋予创新成果以排他性，以改变创新"外溢"状况，促进创新收益的内部化，从而使创新者的个人收益率尽可能接近社会收益率。为此，应尽快组织力量，从有利于创新动力激励、有利于创新成本保护的角度出发，审视和完善知识产权制度，加强高科技领域内的知识产权立法研究。

在服务机制方面，创新活动需要大量的服务工作来支撑。不仅要通过较完善的金融市场和大批风险投资机构，动员大量社会资金投入高新技术领域，而且还要建立大批优秀的技术评估、经营管理、财务金融、咨询服务等中介机构，支持创新活动的顺利展开。

第四章　辽宁优势产业发展的科技创新支撑作用分析

产业创新能力是衡量一个产业通过各创新主体的创新活动，实现将创新投入转化成创新产出的能力。从创新主体角度看，产业创新能力包括企业创新能力、产业链上下游企业合作创新能力、高校和科研院所的知识创新能力、产学研合作创新能力、科技中介和金融机构的服务能力等。从产业创新体系来看，产业创新能力包括产业创新资源投入能力、创新成果产出能力、创新成果转化能力和创新环境支撑能力。产业创新能力是提升产业竞争力、促进产业转型升级、实现产业做大做强的关键因素。在经济全球化的背景下，在国内深化市场经济改革发展的新阶段，区域产业发展的重点不再是构建相对完整的区域产业门类体系，发展重点转变为有效实施创新驱动发展战略，充分发挥科技对产业发展的支撑作用，利用优势产业的梯度优势，带动区域内产业结构的优化升级，从而提高区域经济发展的质量与竞争力。

一、辽宁产业发展的历史沿革及创新资源的配置

辽宁老工业基地的形成以及创新资源的布局与配置某种程度上是由于当时特殊的历史条件与制度安排形成的。由于国家战略建设的需要，辽宁并没有沿用其他国家或地区一般采用的轻纺工业起步的工业化道路，而是采取了重化工业起步的超常规道路，实行"优先发展重工业"的战略。

（一）辽宁产业发展历史沿革

从时间上来讲，辽宁老工业基地的开发建设，始于新中国成立后的三年国民经济恢复时期，形成于1953年开始执行的第一个五年计划。从1949年到1957年，前后8年时间，确立了辽宁在新中国的工业基地地位。

1948 年 11 月辽宁全境解放。在此之前，辽宁遭受日本帝国主义长达 14 年的殖民统治和经济掠夺。当时辽宁的工厂、矿山、交通运输和大中型商业贸易企业几乎全是日伪经营的。面对满目疮痍的辽宁工业，辽宁根据党的七届二中全会提出的用三年时间恢复工农业生产的精神，迅速展开国民经济恢复工作。国家先后投入 14.5 亿元（新币），将日伪经营的工厂、铁路、矿山全部没收，组建了 574 家国营企业，确立国有经济的主导地位。而后，通过企业内部的民主改革和生产改革，确立工人群众的主人翁地位。短短 3 年，辽宁工业生产就达到并超过日伪时期的最高水平，总产值比解放前最高水平的 1943 年高出40%。

1953—1957 年，第一个五年计划开始。基于辽宁的工业基础，国家把辽宁作为工业化重点省份予以政策倾斜。在前苏联援建我国的 156 个重点项目中，辽宁占了 24 项，其中钢铁工业 2 项，有色金属工业 2 项，煤炭工业 8 项，电力工业 3 项，机械工业 5 项，国防军事工业 3 项。与 24 项重点建设工程相配套，还在沈阳、大连、抚顺、本溪、丹东等地安排了省市重点项目 625 个。"一五"结束时，辽宁固定资产原值占全国的 27.5%，居全国第一位；工业总产值占全国的 16%，居全国第二位。当时，全国 17% 的原煤产量，27% 的发电量，近 30% 的金属切割机床，50% 的烧碱，60% 的钢产量均来自辽宁。飞机、军舰、弹药等军事工业也占有很高比重。辽宁成为共和国成立以后，最早建成的全国重化工业基地和军事工业基地。虽然以后有所调整，电子、纺织、新型化工等当时的新兴行业获得了一定的发展，但辽宁重化工为主的产业结构基本定型，而且某种程度上形成了产业发展的路径依赖。

2003 年，国家振兴东北老工业基地战略中，明确提出要将东北老工业基地调整改造、发展成为"结构合理"的新型产业基地。伴随着国家在促进东北地区老工业基地产业结构调整和经济转型方面推出的一系列举措，在经济高速增长的同时，辽宁的产业结构调整和优化也取得了诸多成就。另外由于沿海经济带开发开放、沈阳经济区建设等战略的实施，辽宁吸引了国内外大量的工业投资，拉动了产值的快速增长。但某种程度上使得辽宁以重化工业为主的工业结构特征仍在加深，结构刚性仍在加强。

（二）实施振兴战略后辽宁产业结构的调整

1. 辽宁产业结构概况

产业结构作为投入与产出的转换器，其发展水平直接决定了一个地区经济发展的速度和效益。产业结构的演进往往成为推动经济总量持续扩张的基础启动因素，是一个国家和地区经济发达程度和经济竞争力强弱的反映。运用相似判别法，通过相似系数的计算，对 2013 年辽宁产业结构发展状况进行比较分析。相似系数可以采用夹角余弦法来计算，计算公式如下：

$$S_{AB} = \frac{\sum (X_{ai} X_{bi})}{\sqrt{\sum X_{ai}^2 \sum X_{bi}^2}}$$

式中：S_{AB} 为比较地区 A 和参照地区 B 之间的结构相似系数；X_{ai}，X_{bi} 分别为产业 i 在 A 和 B 中的比重。

计算结果表明（见表 4 - 1）：总体上看，2013 年辽宁的产值结构水平只相当于下中等收入国家的水平。并且，第二产业产值比重过高，辽宁为 52.7%，大大高于同期发达国家 26% 和下中等收入国家 43% 的比重；第三产业的产值比重，辽宁为 38.7%，与同期发达国家的 72% 和下中等收入国家的 45%，均有着较大差距。全球经济发展的实践也表明，发达国家的产业结构相对比较成熟，竞争力较强。而辽宁产业布局与其差距很大，主要体现在第二产业产值比重比较大，第三产业产值所占比重又较小。

表 4 - 1   2013 年辽宁省与不同收入国家产业结构的对比

不同类型国家（地区）	各产业产值比重/%			产值结构相似系数
	第一产业	第二产业	第三产业	
辽宁	8.6	52.7	38.7	1.000
低收入国家	21	28	51	0.893
下中等收入国家	12	43	45	0.983
上中等收入国家	6	31	63	0.887
高收入国家	2	26	72	0.827

资料来源：The world bank. World development report. 2008：341.

2. 辽宁产业结构变化特征

（1）第二产业呈现加速发展态势，重工业仍占优势地位。从产值结构看，辽宁一、二、三产业增加值占生产总值比重由 2004 年的 12.0：45.9：42.1 调整为 2013 年的 8.6：52.7：38.7。10 年间，第一产业比重减少了 3.4 百分点，第二产业比重增加了 6.8 个百分点；第三产业比重减少了 3.4 个百分点。可以看出，在国民生产总值中第一产业所占比重不断下降，但最近五年稳定在 9% 的水平，在经济中的基础地位基本不变。随着振兴战略的实施，第二产业发展重新注入活力，平均增长速度达到 16.7%。所占比重明显上升，超过 50%。第二产业的快速发展，体现了东北振兴战略的政策推动绩效，老工业基地焕发了生机和活力，企业快速成长壮大。另外由于沿海经济带开发开放、沈阳经济区建设等战略的实施，辽宁吸引了国内外大量的工业投资，拉动了产值的快速增长。

由于建设的需要，辽宁并没有沿用其他国家或地区一般采用的轻纺工业起步的工业化道路，而是采取了重化工业起步的超常规道路，实行"优先发展重工业"的战略。在工业结构中，辽宁以发展重工业作为其经济的主导，产业结构成长并未经历霍夫曼认为的工业化过程的四个阶段。

理论上看工业化的进程，霍夫曼系数是不断下降的，基础工业高度发达时，霍夫曼系数才会小于 1。而在 1952 年，辽宁的霍夫曼系数就已经达到了 0.73，1978 年为 0.364，2013 年达到 0.264。从这个指标判断，辽宁已进入高工业化阶段，事实上辽宁经济远远没有达到高工业化水平。石油天然气开采业、黑色金属采选业、电力工业等传统产业，依旧是辽宁经济发展的重要推动力。2013 年，辽宁全部工业增加值中，石化工业占比 17.1%，冶金工业占 16.4%，农产品加工业占比 20.2%，可见辽宁工业的"高加工"程度明显不够，与高工业化阶段不相适应。

（2）第三产业比重不断下降，但对经济增长贡献率不断提升。随着经济结构调整力度的加大和社会需求的变化以及政策、资金和人力等方面的投入，2004 年以后，辽宁第三产业获得了较大的发展，年均增长率达到 14.3%。第三产业增加值由 2004 年的 2812.0 亿元增加到 2013 年的 10486.6 亿元，增长了 2.73 倍。但从第三产业产值比重来看，却呈现不断下降的趋势，所占比重长期低于 40%（见表 4-2）。

从三次产业对经济增长的贡献率来看，实施振兴东北老工业基地战略后，辽宁第一产业对 GDP 的贡献率，在 2006 年急剧下降到 2.1% 后，在 2010 年开始逐步提高。"十二五"期间基本保留在 2% 左右；第二产业对 GDP 的贡献率在 2011 年提高到 62.1%，随后逐步回落到 46.6%；而第三产业对 GDP 的贡献率在 2010 年相应缩小为 33.2%，后来逐步回升，2013 年达到 46%，与第二产业的贡献率仅相差 0.6 个百分点。

表 4 – 2　　　　2004—2013 年辽宁省国内生产总值及三次产业构成

年份	GDP 总值 /亿元	第一产业 增加值 /亿元	对 GDP 贡献率 /%	第二产业 增加值 /亿元	对 GDP 贡献率 /%	第三产业 增加值 /亿元	对 GDP 贡献率 /%
2004	6672.0	798.4	6.4	3061.6	57.0	2812.0	36.6
2005	8047.3	882.4	6.5	3869.4	53.0	3295.5	40.5
2006	9304.5	939.4	2.1	4566.8	53.6	3798.3	44.3
2007	11164.3	1133.4	2.7	5544.2	57.4	4486.7	39.9
2008	13668.6	1302.0	4.3	7158.6	60.1	5207.7	35.6
2009	15212.5	1414.9	2.0	7906.3	60.7	5891.3	37.3
2010	18457.3	1631.1	3.2	9976.8	61.6	6849.4	35.2
2011	22226.7	1915.6	4.7	12152.1	62.1	8159.0	33.2
2012	24846.4	2155.8	4.5	13230.5	56.5	9460.1	39.0
2013	27077.7	2321.6	7.4	14269.5	46.6	10486.6	46.0

资料来源：根据 2005—2013 年《辽宁统计年鉴》及 2013 年《辽宁统计公报》整理。

（3）第二产业的比较劳动生产率不断上升，但三次产业间的比较劳动生产率呈现进一步扩大的趋势。产业之间比较劳动生产率逐渐缩小，是发展中国家产业结构变动的大趋势。2004—2012 年，辽宁三次产业之间的比较劳动生产率呈现进一步扩大的趋势。第二产业与第一产业的比较劳动生产率的差距由 2004 年的 5.75 倍增加到 2012 年的 6.57 倍；第三产业与第一产业的比较劳动生产率的差距仅由 2004 年的 3.47 倍下降到 2012 年的 2.9 倍。

从三次产业的比较劳动生产率数据来看，第二产业的最高，第三产业次之，第一产业最差。2004 年以来，辽宁第二产业的比较劳动生产率不断上升趋势，表明第二产业产值增加值的比重增加幅度快于就业比重的增加幅度。这种现象在一定程度上反映了辽宁工业结构调整取得了一定成效，第二产业冗余劳动力流向第三产业，致使第二产业的比较劳动生产率出现上升趋势。而第三产业的比较劳动生产率不但没有明显增加，总体上看还呈现出略有下降的趋势。一方面表明第三产业在吸收第二产业转移的劳动力和解决就业问题方面起主导作用；另一方面，也反映出长期以来，由于辽宁金融、信息和中介服务等现代服务业竞争力不强，第三产业的发展很大程度上依赖零售贸易、餐饮等传统服务业，而传统服务业内部存在一定的劳动力饱和，所以比较劳动效率呈下降态势。

（4）劳动力由第一产业向第三产业转移，第三产业就业主渠道地位明显。从就业结构看，按照克拉克的理论，随着人均收入水平的提高，劳动力首先由第一产业向第二产业转移，当收入水平进一步提高时，劳动力便向第三产业流动。1984，年人均国内生产总值达到 216.67 美元时，第二产业首次成为辽宁就业的主渠道；1999 年人均国内生产总值达到 1816.61 美元时，第三产业从业人员比重首次超过第二产业，成为辽宁就业的主渠道。

2004—2012 年，各产业的从业人员分布由 37∶25∶38 变为 29∶27∶44。第一产业从业人员的份额持续下降，而且下降的幅度较大，从 37% 降到 29%，但仍高于同期第二产业的就业份额。非农业从业人员的比重持续上升，从 63%上升到 71%。其中，第二产业就业比重基本稳定在 27% 左右；第三产业从业人员比重持续上升，从 2004 年的 38% 上升到 2012 年的 44%。可以看出，自2004 年以来，大量剩余劳动力从第一产业转移到第三产业，并推动第三产业的发展，也表明辽宁第三产业仍旧以传统的服务业为主。总体来看，三次产业就业结构的变动基本符合产业结构演进规律。

（三）产业创新资源配置

在辽宁初始发展阶段，国家"围绕产业链部署创新链"，相关创新资源配置是紧紧围绕着重化工的产业发展与布局来进行。以中国科学院五所为例，中国科学院大连化物所创建于 1949 年、中国科学院金属所成立于 1953 年、中国科学院沈阳生态所成立于 1954 年、中国科学院沈阳自动化所成立于 1958 年、中国科学院沈阳计算所成立于 1956 年。从时间上看，都是在新中国成立后的十年之内，与产业布局时间基本一致，而且与产业发展是密切相关的。

从创新生态理论的角度分析，处于不同创新生态位的创新种群所拥有的创新资源不同。为了获得更优的创新资源，每个创新种群都具有获得更高创新生态位的原始动力。相对竞争力强的创新种群具有较高的创新生态位，处于创新生态链的前端，其拥有的创新资源更优，由此而获得的创新收益也会更丰富。由此，在辽宁科技创新活动以及创新资源配置中，具有较强竞争力的装备制造、石化等重化工产业，其获得的创新资源和创新收益也会更多。以华晨为例，仅华晨 1.8T 发动机一项就涉及顶置双凸轮轴、16 气门技术、涡轮增压及中冷技术等多项技术改进和突破。该款发动机已获得一项发明专利、13 项实用新型专利。配备了该款发动机的中华骏捷轿车为华晨带来了 350% 的月销售增长。

马太效应下创新收益的增加又会促进下一轮创新资金投入装备制造、石化等重化工产业，从而进一步增强这些产业的科技创新资金保障力。在国家对创新资源配置量与结构没有发生重大转变的情况下，从辽宁省角度看，这样的产业结构、产业发展态势及企业构成某种程度上决定了创新资源的投入结构。虽然科技创新资源投入不断加大，但从辽宁省科技创新发展需求角度来看，创新资源投入显得更加紧缺。

二、区域优势产业的内涵与选择基准

（一）区域优势产业定义

优势产业是指在当前的经济总量中占有一定的份额、运行状态良好、资源配置基本合理、资本运营效率较高、在一定空间区域和时间范围内有较高投入产出比率的产业。区域优势产业的外在特征表现为经济效益好、增值率高、发展速度快等，具有很强的市场需求成长性，往往能在国际、国内贸易中占据较有利的地位，在市场竞争中表现出现实的竞争优势。20世纪90年代以来，随着国内区域经济的快速发展，优势产业作为区域经济发展的名词频频出现在各地的政策规划中。但在理论研究中，学者对区域优势产业的定义尚无认可度较高的观点，不同的学者所提炼出的优势产业内涵存在差异性，甚至时常出现将"优势产业"与"主导产业""支柱产业""战略性产业"等不同概念名词混用的现象。这种混用不仅可造成理论研究上的混淆，也会造成制定政策与实际操作中的错位。

区域优势产业内含相对性和动态性，在不同的时间或空间维度下，它是变化的。区域优势产业应考虑一国背景下区际间的合作与竞争，它的发展不只是单纯地有利于优化区域内产业结构，更应是在促成区际产业互补效应充分体现的前提下实现的区域优势的发挥。因此区域优势产业的动态发展除应体现区域内产业结构优化发展方向外，还应体现国家对不同区域进行不同功能定位的战略意图。区域优势产业的发展基础在于优势的发挥，因此需要注重对区域内优势资源要素的利用，通过市场机制作用，在政府的引导扶持下，使它快速发展以推动区域经济和区际协作的发展，进而使区域内经济福利最大化。但在经济全球化背景下，各区域的经济竞争日益激烈。区域现有的比较优势未必是持久的，因此只有依托区域内比较优势，通过形成并发挥竞争优势，才能把潜在优势转化为现实优势，使优势本身具备一定的自组织和自发展机制，保证区域优势的可持续发展。综上所述，可以认为区域优势产业是：以区域的功能定位为基本立足点，依托区域内所拥有的现实或潜在比较优势，在市场机制和政府引导共同作用下，化比较优势为竞争优势，面向国内国际不同层次的市场，在产业价值链条中某个环节或多个环节有着决定性影响的产业绩效高、产品市场空间广阔的产业或产业群。

（二）区域优势产业的基本属性与特征

1. 区域优势产业的基本属性

区域优势产业作为经济客体对象，有着它的一般属性，通过分析它的基本属性有助于把握其本质。区域优势产业主要包括四个方面的基本属性。

（1）系统性。从系统经济学的观点看，区域优势产业系统有其完整的功能特征，经济元和经济联系特征明显，优势资源、产品、产业之间形成良性循环系统。区域优势产业既是相对的高级系统，拥有众多企业厂商、消费者群体、商会等子系统；又是相对的低级系统，在它的外部存在众多平行性系统、高层次系统。因此区域优势产业具有系统性属性。

（2）相对性。不同层次的区域经济系统既是认识主体也是认识客体，既包括对外部经济世界的认识，也包括指向自身的认识；区域经济系统的认识不仅包括同层次之间，也包括不同层次之间。因此不同区域经济系统的认识主体，资源位，比较特征的时空尺度，自身的知识、信息、偏好和对未来的预期都是不同的，决定区域优势产业的界定有着相对性。

（3）动态性。区域优势产业的基础是优势资源要素，在短期内它是难以变化的，但长期来看则是动态变化的，因此区域优势产业需要随着资源要素禀赋条件和产业配置能力的变化而变化，同时产业结构的调整发展也是动态过程，区域优势产业可能发展为区域主导产业或支柱产业。

（4）综合性。区域优势产业是综合性优势共同作用的系统，仅具有单一的优势不可能形成优势产业，资源、技术、产品上的优势应是基础性的构成。几种优势并非简单地叠加，应是通过某种特定的机制将其有机地联系起来，各种单一优势相互联系、相互作用，把优势进一步放大和扩张，从而整合成产业的优势。

2. 区域优势产业的基本特征

结合区域优势产业的定义和基本属性分析，区域优势产业主要具有六大基本特征。

（1）可模仿性弱。优势产业既是众多优势资源共同作用的产物，也是对优势资源进行开发利用的平台；它具有较强的资源要素配置能力和核心竞争力，可模仿性弱。

（2）时空性。不同的经济发展阶段（或时间纬度）有着不同的优势产业，不同的区域层次（或空间维度）也有着不同的优势产业选择。

（3）发展性。优势产业拥有优势资源或较好的经营管理体制，需求市场较稳定；由于收入弹性高等因素作用，发展空间也较大，从而产业的增长率较高。

（4）创新性。优势产业的优势都将体现于产品，因此它的重要表现特征在于拥有受市场欢迎的创新产品。此外优势产业还体现于形成制度创新、管理创新、技术创新、生产流程创新等企业创新机制，保障优势产业的持续发展。

（5）产业关联性。区域优势产业的相关产业和支持产业发展较好，关联产业间形成良好的合作互动循环，优势产业对它的前后向产业及辅助产业具有一定的拉动或推动作用，它有可能发展为区域内主导产业或支柱产业。

（6）差异性。不同区域选择不同的优势产业，彼此互补协调发展。优势产业的发展有利于区际进行合理的产业分工合作和资源的优化配置，有利于避免区域产业结构和产品结构的趋同，最终有利于实现区域经济福利的最大化。

（三）区域优势产业选择基准

各地区在进行产业结构调整时，选择优势产业不仅要遵循经济发展的客观规律，而且要符合实际情况。对于我国大部分地区来说，关键的问题是识别出传统产业与高新技术产业的结合点，然后促进它们的有机结合，创造出具有比较优势和竞争优势的特定产业环节，并形成良性循环。基本思路是，在现阶段选择完成工业化所必需的传统产业作为优势产业，与此同时，利用自身得天独厚的后发优势和资源优势，积极培育和发展新的经济增长点，使其逐渐成为未来的优势产业。在这个过程中，积极推进高新技术产业和传统产业之间的结合，通过高新技术改造传统产业，逐渐实现产业结构的升级换代。参考国内外有关优势产业的选择与评价方法，对优势产业的选择要遵循五大原则。

（1）资源优势原则：指本地区的自然资源和劳动力资源优势。根据资源禀赋论，在产业优势程度评价中，应充分考虑本地区的资源状况，以及由此资源而诱发的产业群的结构和配置资源的最大效果。在资源优势的分析研究中，应将自然资源优势和劳动力资源优势分别进行研究，如研究产业对资源的利用率、考虑就业问题的解决等。

（2）技术优势原则：指本地区在社会生产实践中所具有的生产资料优势、生产工艺优势和科学技术研究水平的优势。这种优势体现在生产设备的现代化、生产工艺的新颖性和科学研究水平的领先性上。由于只有掌握了先进的生产技术或工艺，优势产业才能生产出具有较高附加价值的产品，从而取得较高的经济效益，因此，在确定地区优势产业时，要突出其技术优势。

（3）市场优势原则：指优势产业的产品，在国内、国际市场上具有较大的市场需求或潜在市场需求，竞争力强，产业效益好。市场需求是产品价值得以实现、企业获得效益的前提，因而在确定优势产业时必须强调市场优势原则。

（4）关联优势原则：指在区域经济运行中，优势产业对经济增长会产生三种效应，即回顾效应、旁侧效应和前瞻效应。按霍夫曼的产业关联基准理论，在选择优势产业时应选择关联度大、带动作用强的产业。关联度大的产业对相关产业的带动性越强，产业在地区经济运行中的重要性越大，影响经济的能力也就越强。

（5）比较优势原则：优势产业是在当前的经济总量中占有一定的份额、运行状态良好、资本营业效率较高、在一定空间区域和时间范围内有较高投入产出比率的产业。因此在确定优势产业时，应考虑把该产业的增加值、利税、劳动生产率、对GDP的贡献率等与其他产业相比较，以突出比较优势。

由以上分析可以看出，优势产业的选择受多因素的影响。实际上，我国大部分地区的产业系统复杂，在选择优势产业时，除遵循产业发展的一般规律和客观选择原则外，还应该充分考虑外部约束条件和各地的具体经济情况，才不会使优势产业的选择失去可操作性。因此，在进行优势产业选择时，应该将客观原则和外部约束条件相结合，综合考虑各方面的因素。这样才能充分发挥通过优势产业带动相关产业发展、促进区域经济发展的作用。

三、辽宁工业行业的梯度分析及优势产业的界定

（一）产业梯度基本理论

1. 产业梯度的内涵

产业梯度的概念是与国家、地区间经济发展程度，产业结构状况以及生产要素禀赋状况的差异紧密联系的。从区域经济学的角度来看，梯度是区域间经

济发展差距在地图上的表示。梯度就是国家或地区间在生产力水平上的阶梯状差距。一般的经济分析较多提到的"经济发展梯度"，实际上就是生产力水平的阶梯状差距，如我国东部与中西部地区之间的经济梯度及生产力水平差距。国家或地区间的经济发展梯度或生产力水平梯度是一个具有丰富内涵的整体性概念，它不仅包括生产要素禀赋差异、技术水平差距，还包括产业差距。这种梯度差距集中反映在国家或地区间产业层次的梯度差异上。

产业梯度是国家、地区间经济梯度最直接、最集中、最本质的体现，也是对经济发展梯度起决定性作用的关键因素。产业梯度就是因为国家或地区间生产要素禀赋差异、技术差距、产业分工不同而在产业结构水平上形成的阶梯状差距。产业梯度可以用函数式表示为：

$$Y = F\ (P,\ T,\ I)$$

式中，Y 代表产业梯度；P 代表生产要素禀赋差异，具体来说包括国家或地区间在自然资源、资本、劳动力要素等方面的综合差距；T 代表国家或地区间的技术差距；I 代表国家或地区间的产业分工差异。从广义上来说，生产要素包括以土地为代表的自然资源、资本、劳动力、技术、管理、信息，之所以把技术差距从生产要素禀赋中单列出来，是因为技术差距对于产业梯度的形成起着非常关键的作用，远远超过了资金、劳动力等一般要素的作用。产业梯度差距的存在，决定了产业会从某一高梯度国家向低梯度国家转移，这和"水往低处流"的原理是基本一致的。由于地势梯度的落差，水会从高处流向低处；而由于产业的梯度差异，当高梯度国家或地区在某一产业上不再具有优势时，会选择新的优势产业，淘汰劣势产业，对其产业结构进行调整，以继续保持其产业的整体优势，同时将其劣势产业转移到低梯度国家或地区。

2. 产业梯度的形成

总的来说，产业梯度的形成主要源于各国或各地区之间在生产成本、要素禀赋以及产业分工等方面的差异。亚当·斯密的"绝对成本说"、大卫·李嘉图的"比较成本说"、赫克歇尔与奥林的要素禀赋理论、产业分工理论，实际上分别对应解释了产业"绝对梯度""相对梯度""间接梯度""直接梯度"的形成。

（1）基于"绝对成本说"的"绝对梯度"。亚当·斯密提出的"绝对成本说"认为，2×2 模型中的两国分别在两种商品的生产效率上具备优势，通过商品生产的专业化以及相互间的商品交换，两国皆可获得"绝对利益"。决定商品优劣势所在的根本原因在于各国在商品生产的劳动成本上存在着差异，因而他认为只有能生产出成本绝对低的产品才有可能进行国际交换。从产业梯度的角度来看，两国在生产成本上的绝对差异，无疑是形成各国产业分工的主要原因，也是各国选择低成本产业进行生产，放弃高成本产业生产的重要依据。而一国的绝对优势产业相对于另一国来说就构成了高梯度产业，产业梯度在两国间由此而生。由于这种产业梯度的形成是基于两国产业在绝对成本上的优劣势，因此从某种意义上说，这种梯度也是两国间在产业上的"绝对梯度"。

（2）基于"比较成本说"的"相对梯度"。大卫·李嘉图提出的"比较成本说"认为，即使一国在两种商品的生产上都具有优势，另一国在两种商品的生产上都处于劣势，两国也分别可以选择两种商品中优势相对较大的商品进行生产和出口，以获取所谓"比较利益"。根据"比较成本说"，实际上也形成了两国间的相对产业梯度。一国具有相对比较优势的产业相对于另一国的该产业形成了高梯度产业，而其具有相对比较劣势的产业相对于另一国的该产业则形成了低梯度产业。选择高梯度产业进行生产，而对低梯度产业选择进口是一国进行国际性生产与贸易的理性选择。这种国家间在某一产业上"比较成本"的高低，导致了国家间产业"相对梯度"的形成。

（3）基于生产要素禀赋理论的"间接梯度"。生产要素禀赋理论认为，参与国际贸易的各国应当生产和出口那些由本国禀赋充裕的要素生产的产品，进口那些由本国禀赋稀缺的要素生产的产品。对生产要素禀赋理论进行分析可以得出以下结论：在生产要素不能自由流动的前提下，生产要素禀赋的不同是各国间形成不同的产业分工和产业梯度的主要原因，这一梯度是由于生产要素禀赋差异而形成的，并未直接反映在产业梯度上，因而属于产业的"间接梯度"；而在生产要素能够流动的条件下，要素流动则是各国按产业梯度从高向低转移的基础性手段。因此，生产要素禀赋差异是产业"间接梯度"形成的主要原因，生产要素跨国流动则是产业梯度转移的主要手段。

（4）基于产业分工理论的"直接梯度"。亚当·斯密认为，"劳动生产力上最大的增进，以及运用劳动时所表现的更大的熟练、技巧和判断力，似乎都是分工的结果。"实际上，产业分工理论可以说是比较成本论与生产要素禀赋论的综合。造成各国或地区产业分工的基础仍然是由于要素禀赋不同而导致的比较优势的差异。由于各国拥有生产要素的数量和质量不同，各国或地区必须在产业分工中做出选择。国家、地区间技术水平差异即技术梯度的存在导致了各国在产业分工上的梯度，从而形成了不同的产业梯度，即产业的"直接梯度"。

产业分工与专业化生产不但带来了生产上的专业化和高效率，而且促使了规模经济与聚集经济的形成，从而进一步强化了国家、地区之间的产业梯度。正是由于各国或地区间产业分工的不同，才形成了国家、地区间在产业上的"直接梯度"，并由此导致了产业转移。

3. 产业梯度转移规律

产业转移原指一个国家内部某些产业从一个地区转移到另一个地区的过程。因此从更广泛的意义上来说，产业转移是指一个国家或地区的某些产业向其他国家或地区转移的现象或过程。产业转移的基础是各国或地区之间存在的产业梯度。即由于国家、地区间经济发展水平、技术水平和生产要素禀赋的不同，形成了产业结构发展阶段上的相对差异，这种差异具体表现为发达与次发达、不发达国家或地区之间在产业结构层次上形成了明显的阶梯状差异，并按高低不同呈阶梯状排列。由于这种产业梯度的存在以及各国或地区产业结构不断升级的需要，产业在国家间、地区间是梯度转移的，一国或地区相对落后或不再具有比较优势的产业可以转移到其他与该国（地区）存在产业梯度的国家或地区，成为其他国家（地区）相对先进或具有相对比较优势的产业，从而提高吸收方的产业结构层次与水平，这就是产业结构在国家间、地区间的梯度转移规律。这种产业转移对于双方都有利，是产业转移方和被转移方"双赢"的良性转移。由于产业在国家、地区间是梯度转移的，因此从更准确的意义上来说，称之为"产业梯度转移"更恰当一些。

（二）辽宁工业行业的梯度分析

产业梯度系数一般受专业化生产程度和比较劳动生产率的共同影响。区域产业梯度水平测算最早是由戴宏伟教授提出的，用区位商和比较劳动生产率的乘积衡量，称之为产业梯度系数。其计算公式如下：

$$D_i = SI_i \times Q_i$$

式中：D_i 表示 i 产业梯度系数；SI_i 表示 i 产业的相对专业化系数（区位商）；Q_i 表示 i 产业的比较劳动生产率。

区位商表明某地区某行业的生产专业化水平，计算方法为地区某行业增加值占本地区 GDP 比重与全国相应行业增加值占全国 GDP 比重之比。如果某产业区位商大于 1，表示该行业为该地区的生产专业化部门，在竞争中具有一定优势，是输出地区；如果某产业区位商小于 1，则是非专业化部门，在全国同行业竞争中不具备优势，是输入地区。

地区比较劳动生产率反映了一个地区技术、劳动者素质等方面的高低程度，计算方法为：地区某产业增加值在全国同行业增加值中的比重与地区某产业从业人员在全国同行业总从业人员中的比重之比。如果某产业比较劳动生产率大于 1，说明其劳动生产率高于全国平均水平；如果某产业比较劳动生产率小于 1，则说明其劳动生产率低于全国平均水平。比较劳动生产率低的产业的各种要素，在市场利益引导下，一般会向比较劳动生产率高的行业转移。

在对于辽宁这单一省份进行分析时，选择将连续 3 年的梯度系数均小于 1 的行业称为不具有优势的行业；其中有 1 年的梯度系数大于 1 的称为有一定优势的行业；有 2 年的梯度系数大于 1 的称为具有较强优势的行业；3 年的梯度系数均大于 1 的称为具有明显优势的行业。同时根据梯度系数的走势可以分析行业的发展趋势（见表 4 - 3）。

表 4 - 3　　　　　　　　2009—2011 年各行业的梯度系数

行业名称	梯度系数		
	2011 年	2010 年	2009 年
煤炭开采和洗选业	0.25	0.29	0.47
石油和天然气开采业	0.97	1.43	1.65
黑色金属矿采选业	1.99	0.85	0.55
有色金属矿采选业	0.13	0.12	0.08
非金属矿采选业	0.17	0.14	0.07
其他采矿业	0.00	0.00	0.00
农副食品加工业	3.11	3.81	2.67
食品制造业	0.28	0.26	0.18
饮料制造业	0.39	0.24	0.29
烟草制品业	0.03	0.03	0.03
纺织业	0.12	0.14	0.13
纺织服装、鞋、帽制造业	0.75	0.44	0.21
皮革、毛皮、羽毛（绒）及其制品业	0.70	0.31	0.22
木材加工及木、竹、藤、棕、草制品业	0.76	0.43	0.32
家具制造业	1.38	1.74	0.43
造纸及纸制品业	0.10	0.07	0.03
印刷业和记录媒介的复制	0.12	0.06	0.07
文教体育用品制造业	0.01	0.03	0.01

续表 4－3

行业名称	梯度系数		
	2011 年	2010 年	2009 年
石油加工、炼焦及核燃料加工业	35.53	35.84	19.23
化学原料及化学制品制造业	0.99	1.03	1.12
医药制造业	0.43	0.42	0.56
化学纤维制造业	0.04	0.05	0.01
橡胶制品业	0.47	0.34	0.59
塑料制品业	1.46	1.26	0.60
非金属矿物制品业	4.02	2.81	1.21
黑色金属冶炼及压延加工业	13.59	14.93	14.98
有色金属冶炼及压延加工业	0.53	0.76	0.78
金属制品业	2.60	1.66	0.86
通用设备制造业	8.15	6.65	4.11
专用设备制造业	3.24	2.49	1.00
交通运输设备制造业	4.15	3.14	2.27
电气机械及器材制造业	2.06	2.60	0.95
通信设备、计算机及其他电子设备制造业	0.95	0.45	0.30
仪器仪表及文化、办公用装备制造业	0.28	0.12	0.09
工艺品及其他制造业	0.04	0.05	0.03
废弃资源和废旧材料回收加工业	0.01	0.04	0.00
电力、热力的生产和供应业	1.18	1.90	2.81
燃气生产和供应业	0.01	0.00	0.00
水的生产和供应业	0.05	0.05	0.06

通过对辽宁省 39 大类国有及规模以上非国有工业企业的区位商、比较劳动生产率及梯度系数进行测算，可以发现辽宁省工业行业的发展情况有以下特点。

（1）辽宁工业行业整体竞争力偏低。在 39 个工业大类行业中，梯度系数连续 3 年大于 1 的行业有 11 个，仅占行业总数的 28%，而连续 3 年梯度系数均小于 0.5 的行业却有 17 个，占行业总数的 44%。主要包括：煤炭开采和洗选业、有色金属和非金属矿采选业、食品饮料制造业、烟草制造业、纺织业、造纸业、印刷业、文教用品制造业、仪器仪表制造业、工艺品制造业及燃气和水的生产供应业。这些行业已经不具备任何优势，但有的行业比较劳动生产率却偏高，这不仅说明辽宁产业结构的不合理状况严重，而且也揭示了总资产获利率偏低的问题根源。

（2）多数工业行业在区域分工中的地位有所下降。2009—2011 年的梯度系数逐年上升的行业仅有 10 个，其中具有明显上升趋势的依次为：石油加工业、通用设备制造业、交通运输设备制造业、专用设备制造业。大多数的行业呈现不同程度的下降趋势，说明辽宁多数行业在区域分工中的地位下降。特别表现在以资源开采为主的煤炭、石油天然气开采行业的下降幅度明显，从原来具有明显优势地位的行业下降为不具备优势的行业。因而调整、优化辽宁资源型城市的产业结构具有非常重要的战略意义。

（3）行业效益状况与分工优势有密切关系。除少数行业外（如电力、水等受价格限制影响），大多数行业的经济效益状况与分工优势的高低有密切的正相关关系。

（三）辽宁省优势行业定位

根据前文所述的分析依据，2009—2011 年的梯度系数远远大于 1 的行业是辽宁具有绝对比较优势的行业，辽宁省的绝对优势行业有 4 个，按照该行业在全国同行业中比较优势的大小依次为：石油加工业、黑色金属冶炼和压延加工业、通用设备和专用设备制造业、交通运输设备制造业。辽宁处于中间梯度的产业包括：石油和天然气开采、黑色金属采选业、农副食品加工业、家具制造业、橡胶制品业、塑料制品业、金属制品业、通信设备计算机及其他电子设备制造业 8 个行业（见表 4 - 4）。

表 4 - 4　　　　　　2009—2011 年绝对优势行业的梯度系数

行业名称	梯度系数		
	2011 年	2010 年	2009 年
石油加工、炼焦及核燃料加工业	35.53	35.84	19.23
黑色金属冶炼及压延加工业	13.59	14.93	14.98
通用设备制造业	8.15	6.65	4.11
交通运输设备制造业	4.15	3.14	2.27

综合考虑上述优势行业的关联性和互补性，在辽宁省的工业产业布局上可以整合具有明显优势和较强优势的行业，形成具有区域比较优势的产业链，发挥产业集聚效应，并大力发展逐步显现优势的产业形成后续产业链，实现产业

链的梯度分布。通过整合产业链还可以带动相关产业的发展，特别是对服务业的带动作用，使区域经济的产业结构得到优化和调整。根据分析将辽宁的优势工业行业整合为以下 3 个产业链。

（1）石油化工产业链。石化产业链包括石油和天然气开采业、石油炼制加工业、基本有机原料和高分子产业以及塑料、合成纤维、橡胶的成型等。整合石油开采、运输及炼油的粗加工产业以及以"三烯三苯"为重点发展的有机化工原料的精深加工产业，实现石油化工一体化，打造现代精细化工产业体系。由传统资源型产业向高附加值的石化产业深加工和精细化工产品方向发展，实现石化产业的升级。

（2）钢铁产业链。上游产业包括铁矿石、炼焦煤及熔剂的采选，钢铁冶炼与轧制，下游产业包括煤焦油等焦化产品、高炉炉渣的综合利用及钢铁产品深加工。

（3）装备制造业产业链。装备制造业对经济增长的贡献较大，且其他的各类产业诸如高新技术产业、医药业、纺织业等都有赖于装备制造业为其提供先进的设备。因此，辽宁装备制造业的发展对整个东北地区及全国都有重要的意义。构建以大连—沈阳为轴心的重化工业及装备制造业产业集群，目前以大连—沈阳为轴心的城市群已经集中分布了机床制造业（沈阳、大连）、冷冻设备制造业（大连）、起重设备制造业（大连）、轴承制造业（大连）、汽车装备制造业（沈阳）、钢铁工业（鞍山、本溪、大连）等具有极强优势的行业。

四、有效增强辽宁优势产业发展中科技支撑作用

（一）科技支撑作用制约因素分析

1. 资金不足的制约

根据针对辽宁企业所做问卷中"为什么引进吸收创新成果少"的调查，各种所有制类型的多数企业回答居于前两位的原因是资金不足、人才不足。人才缺乏的原因一般而言是从属于资金不足的。从理论上看，技术密集型产业是高于资金密集型产业发展阶段的产业。技术密集型产业是在资金密集型产业发展到一定阶段之后才大规模发展起来的。技术是一种高成本、高风险的商品。既需要高智能人才的人力成本，也需要承担研发实验中失败的损失，单个研发者的实验并没有最后成功的保证。整个社会没有足够的资金、没有完善的风险

承担机制，研发是无法进行的。研发成功后，设备改造资金对于企业技术改造成败也有重要作用。许多国外高新产业的知名企业改造资金和研发资金都比我国高出几倍。我国的税收政策对于技术创新的影响需要研究改进。

2. 引进消化吸收创新方面的制约

通过发达国家产业转移取得技术引进消化吸收创新。发达国家转移产业、转移技术是有条件的，许多技术不转移给发展中国家特别是坚持社会主义基本制度并正在迅速崛起的中国，但引进的技术应当也可以消化吸收扩散创新。这一点，日本的成功是公认的。辽宁的问题，一是引进量不够，在全国是较差的，产业特点上有客观原因，主观上也存在问题，招商引资多是政府主导方式，不是资本市场的方式。二是消化吸收不够，科研体制协作交流、科研人员的激励机制等不够完善、资金不足等原因，使得在产业发展的过程中只注重技术的引进，对消化吸收再创新重视不够。多年来，辽宁的优势产业中的大中型企业研发经费支出占其销售收入的比例，一直在 0.7% ~ 0.9% 徘徊，而主要发达国家已达到 2.5% ~ 5% 。

3. 科技体制的制约

科技体制改革不到位，新体制、新机制没有真正建立起来。从总体上看，辽宁的科技体制改革的深度和广度远不适应科技发展的需要，促进科技发展的新体制、新机制尚未形成。科技资源分散，科研机构重复设置，各路力量缺乏在科技发展链上合理的定位和上、中、下游的组织配合，功能紊乱，缺乏合理分工和必要的协调，集成优势无法发挥。辽宁 45% 左右的科学家和工程师及 56% 左右的大型仪器设备集中于中央属科研与技术开发单位；辽宁 64% 左右的研究开发人员集中于高校、科研机构。由于条块分割，致使资源聚集效应得不到充分发挥，在解决产业发展的重大技术瓶颈问题方面没有重大突破。以重点高校和科研院所为主体的科学创新体系没有真正形成。产学研合作仍以松散型的技术转移方式为主，共建实体和一体化合作模式较少，深层次的产、学、研合作体系没有建立起来。企业内研发机构建设滞后，人才流失严重，创新人才短缺。目前辽宁有规模以上企业 6800 多家，设立技术中心的只有 130 多家，不到全部企业的 4% 。企业内部设立工程中心和研发中心的更是寥寥无几。

4. 科技创新政策体系的制约

目前，辽宁科技创新政策体系已从单一的科技政策、产业政策向明确的科技创新政策转变，企业、科研院所以及个人的科技创新意识和能力明显加强，科技创新法规建设取得重要进展，但是科技创新政策没有形成一个完整的体系，经济、科技体制改革滞后，融投资体制没有建立起来，科技创新政策政出多门，管理不统一，没有形成推进科技创新的合力。

科技创新政策的配套手段不全。一项科技创新政策，往往要涉及多个部门，需要一系列配套政策的制定、政策的支持系统和后续保障体系方能有效执行，也只有加强政策的配套性，创新政策才具有可操作性，同时配套政策不合理、不完善，将直接影响科技创新政策的执行。

执行科技创新政策的力度不足。一个好的政策要在实践中收到好的效果，需要政府用强有力的措施去组织实施，以排除政策贯彻实施中碰到的各种矛盾和阻力。执行力度不足，会导致政策效应大大降低。

政策监督体系不健全。政策监督是检查行政运行，纠正政策运行过程中的偏差，以保证政策达到预期目的的重要措施。但在现阶段的科技创新政策执行过程中，缺乏明确的检验标准，缺乏专门的评价反馈渠道和强有力的从上到下的监督机制，也缺乏一系列有严格约束力的制度来保证监督与检查的进行。

（二）增强科技支撑作用的战略思路

为充分整合产业技术资源，充分发挥科技对于辽宁优势产业发展的支撑作用，应对现有的科技管理体制和政策措施进行必要的创新与调整，确保激活和释放企业与科技创新载体的整体效能。

1. 转变政府职能、强化政策保障

一是整合转变相关政府部门职能，减少管理环节，完善产业技术创新体系建设的统筹协调机制。充分发挥产业、科技、教育、财政等主管部门以及行业协会等在推动产业技术创新体系建设中的重要作用，重点发挥政府主管部门对于"产学研用金介"等多方创新资源的集成作用。二是进一步落实研发费用加计扣除、固定资产加速折旧等税收政策，加大资金扶持力度和规模，增加各类创新人才计划支持比例，支持产业技术创新载体引进先进技术、先进研发设备以及各类高层次创新型人才等。各级政府应重点围绕产业技术创新载体建设，明确政策导向，优化政策供给，在机构认定、人事管理、知识产权、投融资等方面扫除影响产业技术创新载体建设的体制障碍。

2. 加强产业技术创新载体建设

应围绕产业布局创新资源，使技术、产品、企业和集群等组成的产业链与人才、团队、平台和联盟等组成的创新链紧密结合。充分发挥"政产学研用金介"等创新要素的作用，以全要素资源整合、全产业链创新的理念，推进科技

创新与产业之间的融合发展。在产业技术创新载体建设中，要按照"市场导向、不限模式、分类支持、逐步提档"的原则，依托企业、高校、科研院所，整合组建组织紧密、合作高效的实体型产业技术创新载体，重点支持以高校（科研院所）为主体的共性技术平台和以企业为主体的专用技术研究院的建设。在新的运行机制和特殊政策下，产业技术创新载体不仅要成为新型产学研合作平台，更要成为金融资源、创新人才、专业服务的汇聚平台，成为各类创新要素和资源围绕产业技术创新链形成有机结合的纽带。

3. 建立多元化自主创新投入机制

应围绕优势产业，加快建立财政投入为引导、企业和社会投入为主体的多元化自主创新投入机制。确保地方财政科技投入增长与当地经济和财政收入增长相适应。支持科技型中小企业上市融资或发行企业债券。进一步完善信用担保体系。建立省级专利申请资助资金，用于原创性发明和有产业化前景的产业科技创新。争取国家更多创新资源投入辽宁，围绕自主创新的需求，制定政策措施，加强与国家有关部门的合作，吸引国家"863"计划和"973"计划等重大项目到辽宁落户和产业化。加强与国家自然科学基金委员会的合作，以联合出资的形式设立国家自然科学基金辽宁老工业基地振兴专项资金，吸引更多国家级科技项目投入辽宁。

4. 加快现代市场体系建设

通过资本市场、技术市场、人才市场等中介服务，加快资金、技术、人才和信息的流动，降低高新技术企业的成本，使中介服务机构成为科技成果转化的桥梁纽带。一是大力发展技术市场。采取有形市场与无形市场相结合，常设市场与非常设市场相结合的方法，建设好各种技术交易平台，办好东博会、大连软交会等科技成果交易会。二是大力发展科技中介机构。鼓励和支持社会创办多层次、多类型的科技中介机构，加强优势互补、资源共享，形成网络化的服务协作。逐步建立覆盖辽宁、为中小企业服务的生产力促进中心网、为高科技企业服务的科技创新服务中心网、促进科技成果转化的技术交易市场网、科技评估中心网、科技信息中心网、技术产权交易网、专利事务网。三是建立健全科技服务行业协会和学会。组建科技服务业行业协会，组织开展同业交流、跨行业协作和市场开拓活动，促进科技服务业的规范、健康发展。

5. 发挥重点地区的示范带头作用

一是支持沈阳、大连等中心城市成为辽宁自主创新基地和创新型城市，当好辽宁排头兵。沈阳、大连应发挥科技、产业、人才综合优势，着力提升核心技术攻关能力和科技创新服务能力，着力推进消化吸收再创新和高新技术产业化，努力成为辽宁自主创新的主要策源地、聚集地和成果转化基地。二是推动沈大高新技术产业带的发展协调机制建设。通过政府引导、市场运作，协调各市产业分工布局，形成不同层次、不同形式的产业集群和创新集群。三是大力推进各类科技园区自主创新。大力扶持高新技术产业开发区、民营科技园、软件园、大学科技园等的发展，在资源整合、土地开发、园区建设等方面给予更大的支持。四是加强区域与国际合作。加强东北三省区域创新系统合作，重点实施科技资源共享、合作组建科技集群、联合科技创新、人才培养等科技行动。吸引跨国公司和有实力的外资企业在辽宁设立研究开发机构。对具有研发机构的外资企业，应优先认定为高新技术企业。

第五章　辽宁创新型企业发展评价

企业强则国家强，实现创新驱动发展的主体是企业，关键也是企业。推动企业成为技术创新主体，增强企业创新能力，是根本解决科技与经济结合问题的关键所在，也是深化科技体制改革的中心任务。着力推动创新型企业发展，对于充分发挥企业在科技创新中的主体作用具有示范性，可以有效促进和提高企业、产业以及区域等各个层面的竞争力。

一、创新型企业及其特征

（一）创新型企业的概念

创新型企业是伴随着西方进入后工业化社会和全球经济进入"新经济"时代而出现的企业形态。当代世界经济强国和创新型国家，某种程度上正是得益于一批世界级创新型企业的崛起和引领作用。基于对创新型企业重要性的认识以及发展实践的需要，国内外学者及政府部门都对创新型企业的概念与内涵进行了大量界定和研究。

对于创新型企业，各国使用的名称不同，在美国称之为"技术密集型新生企业"；在日本把研发费用占销售额比重高于3%的中小企业称为"风险企业"；在韩国也把研发费用占销售额一定比例以上（对不同行业规定了不同的比例，一般为5%~6%）的企业、生产创意型产品的企业和以技术开发为主业的企业统称为"风险企业"。

2006年，科技部、国资委和全国总工会在《关于开展创新型企业试点工作的通知》（国科发政字〔2006〕110号）中对创新型企业给出了初步定义：创新型企业主要指在技术创新、品牌创新、体制机制创新、经营管理创新、理念和文化创新等方面成效突出的企业。同时提出创新型企业应具备5个方面的基本条件：一是具有自主知识产权的核心技术；二是具有持续创新能力；三是具有行业带动性和自主品牌；四是具有较强的赢利能力和较高的管理水平；五是具有创新发展战略和文化。创新型企业主要是指那些拥有自主知识产权和知名品牌，具有较强国际竞争力，依靠创新实现持续发展的企业。这些企业把创新作为根本战略，注重技术创新、机制创新、管理创新和文化创新。

此外，国内外学者也主要从创新绩效、创新能力、企业文化和企业行为四个维度和视角对创新型企业进行不同的定义和界定。

综合已有对创新型企业的定义，本书认为创新型企业可以一般性地定义为：拥有创新基因、创新思维和持续创新能力，通过新技术、新工艺、新流程，向社会提供新产品、新服务，创造新的商业模式，获得高额利润和广阔成长空间的企业。创新型企业的创新行为不是偶发的和临时的，而是将创新内化为企业经营的驱动力，企业有强烈的创新意识，认为创新是企业生产和发展的根源和保证。创新型企业的创新成果不但为企业本身带来了利润、市值和市场占有率的提升，而且为社会提供了有形和无形的财富，为行业拓展了新的发展空间，指明了新的发展方向。

（二）创新型企业的内涵

从创新的内涵与企业发展模式的演进来看，创新型企业是指以创新作为企业发展的动力，将各种主要以发明、创造带来的新的生产要素或新的生产要素组合运用到实际经营过程中去，通过整合企业内部和外部的资源，实现技术及战略、文化、制度、市场与流程等全面协同创新，以掌握核心技术和拥有自主知识产权为手段获取竞争优势，最终实现企业经营目的并间接为客户创造价值的企业。对创新型企业的内涵集中体现在以下四个方面。

1. 创新型企业以创新为企业发展的动力

传统企业主要依靠资金、人力、物力等自然资源大量投入获得发展，这种粗放式的发展模式，资源利用率低，创新能力薄弱，而且已经不能适应目前各种自然资源日益短缺的环境和可持续发展的要求；与传统企业不同，创新型企业依靠的是将新的生产要素或新的生产要素组合运用到实际经营过程中去，不断改变企业生产函数的方式，即通过创新来创造更大的效益。这种集约式的发展模式不但很大程度上缓解了自然资源和资金的短缺问题，也有利于企业在日益激烈的市场竞争中获得先发优势。

2. 创新型企业的创新应是持续创新

所谓持续创新是指企业持续不断地推出、实施新的创新项目（包括产品、工艺、原材料、市场、组织、制度和管理等方面的创新项目），并持续不断地实现创新经济效益的过程，它应具有时间持续性、效益增长持续性及发展持续性三个基本特征。创新型企业正是通过持续地不断推出、实施新的项目，获得持续不断的发展动力，确保其在行业领域内的领先地位，实现企业实力、规模、效益的持续发展。

3. 创新型企业的创新是全面协同创新

全面协同创新是指全要素、全员、全时空的协同创新。所谓全要素是指创新型企业不仅仅是指技术创新，其还包括组织结构与流程、文化、制度、市场等非技术创新，由此也可以看出，创新型企业并不是单纯意义上的技术创新型企业；全员是指参与创新的人员包括企业各部门和全体员工甚至涉及整个利益相关者（如：供应商、顾客、合作伙伴等）；全时空是指全时空维度的立体化持续创新；所谓协同是指人员、时空、要素三者之间及各自内部的协调。

4. 创新型企业的创新是自主创新

所谓自主创新应该包含原始性创新、集成创新以及引进技术的消化吸收和再创新三个方面。原始创新是提高创新能力的重要基础和提升竞争力的重要源泉，而集成创新是当今创新的一个重要范式。同时，在经济全球化条件下，创新不能封闭起来进行，而应开展广泛的对外合作与交流，完善引进技术的消化吸收和再创新机制。因此，创新型企业的创新不是独立创新，虽然创新型企业自身所拥有的内部资源，是其实施创新的前提和基础，但这并不是意味着创新型企业只能利用自身的资源进行独立创新，它同样注重对外合作与交流，从企业外部获取资源，以提升创新的起点，提高创新效率。

5. 创新型企业的创新目的是创造新价值或经济利润，实现企业的经营目标

获取商业价值或经济利润是创新主体创新的最终目的，而掌握核心技术和拥有自主知识产权，是实现这一目的的重要手段。创新型企业通过全面协同创新，获得核心技术和自主知识产权，在市场竞争中获得优势，从而达到获取商业价值或经济利润的目的，实现企业经营的目标。

（三）创新型企业的特征

创新型企业以创新为核心的全面协同创新的方式表现出与传统企业明显不同的外在特征。

1. 企业具有灵活的组织结构

传统的组织结构共同点是，都将员工固化在组织内的某一个小框架中，员

工没有直接面对市场的竞争和压力，不能直接感受到市场和客户的需求变化，从而限制了员工积极性和主动性的发挥。而且在这样的组织结构中，员工被固化为只具备某项专长能力的人。创新型企业灵活的组织结构，能使员工有施展自己才能的空间和舞台，也有助于企业充分开发员工的创造潜力。其组织结构的灵活性主要体现在两个方面：一方面，企业能够根据市场的变化情况随时调整业务职能设置；另一方面，员工可以根据业务的变化情况随时进行内部流动。这种灵活性使得整个组织处于柔性流动的状态，能够随外部市场的波动而变化。

2. 具有强烈创新意识和创新能力的员工

创新型企业中的员工并不是传统意义上的被动型员工，而是主动性很强的知识型员工。他们具备了企业所需要的各种知识和技能，具有一定的综合判断和决策能力，并受到充分授权和激励，能够独当一面地开展工作。他们除了具备各自岗位所需要的基本业务技能外，还具备企业经营管理所需要的一些基本技能。他们善于学习，积极追求实现个人价值，主动把握自己的职业发展，渴望成功，希望为企业的发展做出贡献并受到认可。创新型企业中的每个人都应该是有创新能力的人。所谓创新能力不见得必须是像技术研发人员那样具备发明创造的能力，而是能够根据客户的需要，不断地改善自己的工作方式和方法，使得所提供的产品和服务能够满足甚至超越客户的期望，从而赢得客户的满意，并能够长期保持客户的忠诚度。

3. 产品和服务创新速度加快

在顾客需求多样化、需求变化速度加快及顾客忠诚度降低的今天，企业要在日益激烈的市场竞争中求得生存与发展，就必须不断创新和超越自己的产品和服务。另外，创新周期的缩短（如一项创新从基础研究到商业化导入的过程所需的时间从19世纪的几十年、20世纪上半叶的10多年到20世纪下半叶的几年，而在知识经济的时代只需要以两年甚至几个月），致使新产品层出不穷，产品生命周期越来越短。面对如此快速变化的环境，创新型企业能通过持续、全面协同创新，不断地比竞争对手更快向市场提供能满足顾客需求的产品和服务，从而在市场竞争中获取优势。

4. 生产由标准化向非标准化转变

传统企业生产方式的特征是标准化、专业化和规模化的，其在提高生产效率的同时，也把消费者的消费需求同一化。随着买方市场中所呈现出细分化、非标准化、小规模化、个性化的发展趋势，这种传统的生产方式也已不再适应市场需求。而创新型企业比传统企业更加注重市场需求的差异化，注意消费者的个性化特点，能根据客户需求进行非标准化生产，它用小批量、多品种的生产代替传统企业的大批量、单一品种的生产。

二、全国及辽宁创新型企业建设与发展

（一）全国创新型企业发展

1. 创新型企业发展概况

为贯彻落实党的十六届五中全会和全国科技大会精神，进一步推进创新型企业建设，增强企业自主创新能力，2005 年 12 月，科技部、国资委、全国总工会在有关部门的支持下，联合启动了"技术创新引导工程"，在全国范围内启动创新型企业试点工作。2006 年 7 月，我国创新型企业试点工作进入实质性阶段。首批共选定 103 家试点企业。试点企业实行有进有出的动态调整办法，不搞终身制。首批入选试点名单的企业包括 15 家国有大型骨干企业、77 家民营科技企业和 11 家转制院所，涉及国防军工、电力、冶金、通信、材料、农业等 12 个领域。

截至 2013 年年底，科技部、国资委、全国总工会先后在国家层面选择确定了 5 批 676 家创新型试点企业，在此基础上评价命名了 3 批 356 家创新型企业。在全部创新型试点企业中，有 5 家企业（其中 3 家被评级命名为创新型企业）发生重组合并或注销，不再纳入统计范围。按照《国民经济行业分类与代码》（GB/T 4754—2002）的两位数分类，671 家企业共分布于 50 个行业，涵盖了全部两位数分类行业（98 个）的一半以上，覆盖全部两位数制造业分类行业（31 个）中的 25 个，体现了在国民经济中比较广泛的行业代表性。

2. 创新型企业的地区分布

从地区分布的角度看，北京拥有的创新型试点企业数量最多，达到 80 家，海南、宁夏拥有的创新型试点企业最少，仅为 10 家（见表 5 - 1）。拥有试点企业超过 30 家的地区共计有 8 个，依次是北京（80 家）、山东（45 家）、浙江（44 家）、广东（39 家）、上海（34 家）、安徽（32 家）、辽宁（30 家）、江苏（30 家），共计 334 家，占 671 家试点企业总数的 49.8%。

拥有创新型企业数量超过 15 家的地区有 8 个（见表 5 - 2），依次是北京（54 家）、山东（24 家）、广东（23 家）、浙江（19 家）、辽宁（16 家）、安徽

（16 家）、上海（15 家）、江苏（15 家），共计 182 家，占 353 家创新型企业的 51.6%。

表 5–1　　　　　　　　　　创新型试点企业的地区分布　　　　　　　　　　　家

地区	试点企业					
	第一批	第二批	第三批	第四批	第五批	合计
北京	21	28	18	4	9	80
天津	2	6	6	0	4	18
河北	1	4	4	2	1	12
山西	2	3	6	2	3	16
内蒙古	1	5	2	2	1	11
辽宁	4	10	6	3	7	30
吉林	3	3	5	1	3	15
黑龙江	2	6	5	1	3	17
上海	5	6	7	5	11	34
江苏	3	6	7	7	7	30
浙江	5	10	13	7	9	44
安徽	2	6	10	7	7	32
福建	4	9	9	2	5	29
江西	2	4	4	2	2	14
山东	5	10	11	9	10	45
河南	2	6	6	2	2	18
湖北	4	5	6	2	3	20
湖南	2	5	4	1	3	15
广东	6	10	11	4	8	39
广西	0	2	3	2	1	8
海南	2	2	4	0	2	10
重庆	3	4	7	0	3	17
四川	4	6	6	5	5	26
贵州	1	3	3	0	3	10

续表 5 - 1

地区	试点企业					
	第一批	第二批	第三批	第四批	第五批	合计
云南	2	5	2	2	2	13
西藏	1	2	2	0	2	7
陕西	2	3	5	1	1	12
甘肃	2	4	2	3	1	12
青海	2	2	3	2	2	11
宁夏	1	3	2	1	3	10
新疆	3	5	3	2	3	16
总计	99	183	182	81	126	671

表 5 - 2　　　　　　　　　　创新型企业的地区分布　　　　　　　　　　家

地区	创新型企业			
	第一批	第二批	第三批	合计
北京	19	19	16	54
天津	2	4	6	12
河北	1	3	4	8
山西	2	1	6	9
内蒙古	1	2	1	4
辽宁	3	9	4	16
吉林	3	1	4	8
黑龙江	2	2	3	7
上海	4	3	8	15
江苏	3	6	6	15
浙江	5	6	8	19
安徽	1	6	9	16
福建	3	4	7	14
江西	1	4	2	7
山东	5	6	13	24
河南	2	1	10	13
湖北	4	3	5	12
湖南	2	4	3	9

续表 5 - 2

地区	创新型企业			
	第一批	第二批	第三批	合计
广东	6	8	9	23
广西	0	2	2	4
海南	1	0	3	4
重庆	3	4	4	11
四川	4	3	7	14
贵州	0	2	3	5
云南	2	1	2	5
西藏	1	1	1	3
陕西	2	2	1	5
甘肃	2	0	1	3
青海	1	1	2	4
宁夏	1	0	2	3
新疆	2	3	2	7
总计	88	111	154	353

从上述统计结果可以看出，创新型（试点）企业在空间分布上总体呈现向东部经济发达地区集聚的趋势。试点企业数超过 30 家和创新型企业数量超过 15 家的 8 个省市，除安徽外，均位于东部沿海地区，并且 2013 年经济总量均排名全国前 15 名（见表 5 - 3）。说明创新型（试点）企业数量与所在地区的经济发展程度呈现明显的正相关，也充分表明以企业为主体的科技创新对地区经济发展的驱动性与带动力。中部地区的安徽、湖北、河南和西南地区的四川、重庆等地的创新型（试点）企业的数量也相对较多，在一定程度上与这些地区近年来经济快速发展的趋势相吻合。除河南外，安徽、湖北、四川、重庆 2013 年 GDP 的增长速度均超过 10%。8 个国家技术创新工程试点省市（青岛市的企业数纳入山东省一起统计）拥有的创新型（试点）企业数量也排在前列，显示出很强的示范作用。

由于创新型（试点）企业中有相当部分的中央企业和原国务院部门属的企业化转制院所，其总部主要设在北京等地，所以北京的试点企业和创新型企业数量明显多于其他地区，分别为 80 家和 54 家，也影响到创新型（试点）企业的地区分布格局。

表5-3　国内8省（市）创新型（试点）企业数及2013年GDP与排名

地区	试点企业	创新型企业	2013年GDP总量/亿元	GDP排名
北京	80	54	19501	13
山东	45	24	50013	3
浙江	44	19	34665	4
广东	39	23	57068	1
上海	34	15	20181	12
安徽	32	16	19039	14
辽宁	30	16	24846	7
江苏	30	15	54058	2

（二）辽宁创新型企业发展

在2005年国家启动创新型企业试点以前，从辽宁全省角度来看，创新型企业建设与发展某种程度上处于自由状态。各个企业依据本企业所在行业特征，基于自身的资金、技术、人才等要素资源优势，构筑不同的创新发展战略。虽各具特色，但示范性与带动作用不强，某些企业的发展更是缺乏可持续性。2005年国家启动创新型企业建设工作后，辽宁创新型企业发展大致可以分为三个阶段：初始发展阶段、拓展发展阶段和全面发展阶段。

1. 国家层面创新型（试点）企业

2005年，国家"创新型企业"试点工作以来，在5个批次的申报过程中，辽宁均有企业获批。第一批入选4家、第二批入选10家、第三批入选6家、第四批入选3家、第五批获批入选7家，总计30家，其中16家被正式命名为国家创新型企业（见表5-4和表5-5）。辽宁创新型试点企业数位居全国第7位、创新型企业数位居全国5位。分别占全国试点和命名企业总数的4.47%和4.53%。

表5-4　　　　　　　　辽宁各批次创新型试点企业　　　　　　　家

地区	试点企业					
	第一批	第二批	第三批	第四批	第五批	合计
辽宁	4	10	6	3	7	30
全国	99	183	182	81	126	671

从行业分布来看，30家创新型（试点）企业主要集中在装备制造、石油化工领域，企业总数达到了17家，占比56.7%。其中，装备制造类企业为12

家（见表 5 - 6），占比 40%，石油化工类企业为 5 家，占比 16.7%。创新型试点企业的行业分布，充分表明了辽宁工业经济发展战略中以先进装备制造业和重要原材料工业两大基地建设为重点。

表 5 - 5　　　　　　　　　　辽宁各批次创新型企业　　　　　　　　　　家

地区	创新型企业			
	第一批	第二批	第三批	合计
辽宁	3	9	4	16
全国	88	111	154	353

从地区分布来看，30 家创新型（试点）企业分布极不均衡。全省 14 个市，只有 7 个市拥有创新型（试点）企业。在拥有创新型（试点）企业的地区中，企业分布也呈现明显的集聚现象，主要集中在沈阳、大连两市。沈阳、大连两市的创新型企业总数达到了 21 家，占比达到了 70%。其中，大连分布的企业最多，为 12 家，沈阳分布的企业为 9 家。

辽宁创新型企业的地区分布特点充分印证了创新型（试点）企业数量与所在地区的经济发展程度呈现明显的正相关性。沈阳、大连两市的经济总量在辽宁省是突出的两极。而与此相对应，辽西北地区经济总量偏小，仍旧以资源类企业为主，产业基础薄弱，创新要素资源短缺并且吸引力不强，所以没有产生创新型（试点）企业。抚顺、辽阳、丹东、锦州创新型（试点）企业的产生，某种程度上与所在地区原来的产业布局与基础有关。辽宁奥克化学股份有限公司正是依托辽阳石化公司的资源优势，依靠其自身的自主知识产权的核心技术，逐步发展成为高新技术企业和创新型企业，并在国内环氧乙烷精细加工领域持续保持领先势头。

表 5 - 6　　　　　　　　辽宁创新型试点企业地区分布

企业名称	批次	所在地区
沈阳新松机器人自动化股份有限公司 *	第一批	沈阳
沈阳化工院有限公司 *	第二批	
沈阳机床（集团）有限责任公司 *	第二批	
沈阳北方交通重工集团有限公司	第二批	
沈阳透平机械股份有限公司 *	第三批	
沈阳远大铝业集团有限公司	第三批	
东软集团股份有限公司	第四批	
辽宁东亚种业有限公司	第五批	
北方重工集团有限公司	第五批	

续表 5-6

企业名称	批次	所在地区
大连三科科技发展有限公司 *	第一批	大连
大连光洋科技工程有限公司 *	第二批	
大连重工·起重集团有限公司 *	第二批	
大连华信计算机技术有限公司 *	第二批	
大连獐子岛渔业集团有限责任公司 *	第二批	
瓦房店轴承集团有限责任公司 *	第二批	
大连冷冻机股份有限公司	第三批	
路明科技集团有限公司 *	第三批	
大连裕祥科技集团有限公司	第四批	
辽宁生物医学材料研发中心有限公司	第五批	
大连三维传热技术有限公司	第五批	
大连理工计算机控制工程有限公司	第五批	
鞍钢集团公司 *	第一批	鞍山
辽宁聚龙金融设备股份有限公司 *	第三批	
鞍山森远路桥股份有限公司	第三批	
荣信电力电子股份有限公司	第四批	
佳化化学股份有限公司	第五批	抚顺
辽宁奥克化学股份有限公司 *	第一批	辽阳
辽宁忠旺集团有限公司	第五批	
辽宁恒星精细化工有限公司 *	第二批	丹东
锦州奥鸿药业有限责任公司 *	第二批	锦州

注：表中标注 * 的企业已正式认定为创新型企业。

2. 省级层面技术创新型企业

为落实省科技创新工作领导小组第三次会议精神，进一步提高辽宁大中型骨干企业和科技型中小企业的技术创新能力和科技进步水平，2008 年 4 月，辽宁省启动实施了"辽宁省科技创新示范企业创建工程"，并印发了《辽宁省科技创新示范企业创建工程实施方案》。辽宁技术创新示范企业与国家创新型企业的主要区别在于，创新型示范企业要求具有创新型企业的主要特征的基础上，更加强调对其他企业创新工作的示范和引导作用。

辽宁省科技厅针对全省重点行业的各种所有制企业，有选择地挑选了 121 家科技创新牵动力较强的大型骨干企业和科技型中小企业作为辽宁省首批技术创新型企业。121 家分布在全省 14 个市（见表 5-7）。其中，沈阳分布的企业最多，为 29 家；朝阳分布的企业最少，仅有 4 家。企业主要集中在装备制造、石化、冶金等辽宁的主导与优势产业。

在示范企业的扶持发展方面，辽宁省科技厅在科技攻关、创新人才队伍引进培养、研发平台建设等方面给予企业资金和政策上的重点倾斜和扶持。经过强力推动和积极扶持，示范企业的内在创新意识和动力显著增强，企业创新活动日趋活跃，能力显著提高，成为集聚创新要素的重要载体，有效带动了全省技术创新能力和产业核心竞争力的提升。

表5-7　　　　　　　　　　辽宁技术创新示范企业地区分布　　　　　　　　　家

地区	企业数	地区	企业数
沈阳	29	营口	7
大连	15	阜新	5
鞍山	9	辽阳	5
抚顺	8	铁岭	6
本溪	9	朝阳	4
丹东	6	盘锦	5
锦州	5	葫芦岛	8

三、辽宁创新型企业发展能力评价

考虑到数据的可获得性，并且为了便于将辽宁创新企业发展情况与全国其他省（自治区、直辖市）进行比较，辽宁创新型企业发展能力评价中借鉴《中国创新型企业发展报告2012》中基于企业技术创新依存指数的创新型企业TOP100。

（一）企业技术创新依存指数理论与方法

1. 评价指标体系

基于可采集性、可比性、可操作性，技术创新依存度指数共遴选出研发经费强度、千名研发人员发明专利拥有量、新产品（工艺、服务）销售收入占主营业务收入的比重，全员劳动生产率等4个定量指标和"创新组织与管理"1个定性指标，构成"4+1"指标体系，来表征创新型企业的四个基本特征，评价企业创新投入、创新产品、创新绩效和创新管理等对企业发展的影响。

"4+1"指标以考察企业发展对技术创新的依存程度为核心。通过4个定量指标反映创新型企业创新战略实施的效果。1个定性指标反映企业创新战略制定、部署和实施的过程。这些指标互为补充、互相印证，从不同侧面反映了企业技术创新的意愿、行为和绩效，既克服了单纯使用定量指标反映企业技术创新活动的局限性，又克服了单纯使用定性指标反映企业创新状况的模糊性，构成了一个比较完整和严密的指标体系，可以比较全面、系统地考察和评价企业发展对技术创新的依存程度。

（1）"研发经费强度"，即企业研发经费支出占主营业务收入的比重，反映企业在资源配置上对技术创新倾向的程度。通过该指标，可以考察企业运用资本资源实现发展过程中对技术创新的依赖程度。这也是国际上通用的测度企业技术创新的重要指标。研发经费支出采用国家统计局与科学技术部的统计口径。

（2）"千名研发人员发明专利拥有量"，反映企业对核心技术和自主知识产权的掌控情况和创新效率。发明专利拥有量是指在考察期间内企业作为专利权人拥有的，经国内外专利行政部门授权且在有效期内的发明专利数量。研发人员（全称研究与试验发展人员）是指参与研究与试验发展项目研究、管理和辅助工作的人员，包括项目（课题）组人员、企业科技行政管理人员和直接为项目（课题）活动提供服务的辅助人员。

（3）"新产品（工艺、服务）销售收入占主营业务收入的比重"，反映企业收入构成和获取利润中直接源自技术创新成果的部分。新产品（工艺、服务）销售收入的计算主要采用国家统计局与科学技术部对新产品的统计口径。新产品一般是采用新技术原理、新设计构想研制。生产的全新产品，或者在结构、材质、工艺等某一方面比原有产品有明显改进，从而显著提高了产品性能或扩大了使用功能的产品。

通过"千名研发人员发明专利拥有量"和"新产品（工艺、服务）销售收入占主营业务收入的比重"两个指标，可以考察企业获取竞争优势和取得经济效益对技术创新的依赖程度。

（4）"全员劳动生产率"，指企业当年创造的增加值与员工数量的比，反映企业综合经济效益情况。通过该指标可以综合考察企业发展过程中投入产出的整体效率，其中也包含着技术创新对企业发展的贡献，这在一定程度上体现了绩效和创新之间的依存关系。该指标是国际通用的反映企业或其他经济体的技术创新依存度的综合指标。

工业、建筑业增加值是指工业企业（包括运输与邮电业），建筑业企业在报告期内以货币表现的工业、建筑业生产活动的最终成果。收入法计算的工业增加值包括固定资产折旧、劳动者报酬、生产税净额和营业盈余。

（5）"创新组织与管理"，主要包括创新战略谋划、研发组织建设、知识产权管理和创新文化建设等内容，结合定量指标，可以综合反映企业着眼长远发展对技术创新的依存情况。

2. 计算方法

技术创新依存度指数基于德尔菲方法综合考量赋予各指标相应的权重，通过对"4+1"指标的分值进行加权平均计算最终的结果。由专家们对各指标重要性进行打分，再综合分析专家们对创新的影响程度，确定各个指标的权重。

3. 评价标准

该评价方法的最大特点是用一个综合性指数对不同行业、规模和技术密集度的企业进行评价和比较。通过数字模型计算出来的技术创新依存度指数介于0~1.00。分值越大，表明企业发展对技术创新的依存程度越高。根据专家分析并结合中国创新型企业发展状况，通常企业技术创新依存度指数在0.85分以上，可以认为企业发展对技术创新的依存程度高；在0.75~0.85分，可以认为企业发展对技术创新的依存程度较高；在0.65~0.75分，可以认为企业发展对技术创新的依存程度一般；在0.65分以下，可以认为企业发展对技术创新的依存程度较低。

（二）基于技术创新依存度指数的辽宁创新型企业评价

基于技术创新依存度指数的全国创新型企业TOP100中，辽宁共计拥有7家。与上海并列排名全国第4位（见表5-8）。前三位分别是北京（11家）、山东（11家）、广东（9家）。从拥有的TOP100数量角度看，辽宁创新型企业发展较好。

表5-8　　　　　　　各省市分布的创新型企业 TOP100 数量　　　　　　　家

地区	企业数	地区	企业数
北京	11	天津	3
山东	11	山西	3
广东	9	新疆	3
上海	7	河南	2
辽宁	7	湖北	2
浙江	6	江西	2
四川	6	湖北	1

续表 5 - 8

地区	企业数	地区	企业数
重庆	5	甘肃	1
安徽	5	广西	1
江苏	4	青海	1
湖南	4	云南	1
福建	4	海南	1

从计算的各企业技术创新依存度指数来看，辽宁的创新型企业的发展情况并不乐观。企业整体排名偏后，企业的技术指数普遍偏低。7 家企业中，排名前 50 名的企业仅有 2 家：大连重工·起重集团有限公司和辽宁恒星精细化工有限公司。排名最高的大连重工·起重集团有限公司仅排在第二十一位，辽宁恒星精细化工有限公司排名第四十八位。企业排名与辽宁拥有的企业数量排名存在不小的差距，几家企业的排名甚至落后于中西部地区的部分企业。

辽宁 7 家企业的技术创新依存度指数平均值只有 0.7463，处于 0.65 ~ 0.75 分值段。按照评价标准来看，企业发展对技术创新的依存程度仅仅处于一般的水平。大连重工·起重集团有限公司的指数最高，为 0.800（见表 5 - 9），处于 0.75 ~ 0.85 分值段。按照评价标准来看，企业发展对技术创新的依存程度也仅处于较强的水平。与排名前十位的创新型企业技术创新依存度指数平均值相差 0.0489（见表 5 - 10），与全国排名第一位的中兴通讯股份有限公司的指数差值达到了 0.147。

表 5 - 9 　　　　　　　　TOP100 中的辽宁省创新型企业

企业名称	指数	全国排名
大连重工·起重集团有限公司	0.800	21
辽宁恒星精细化工有限公司	0.761	48
大连光洋科技工程有限公司	0.752	53
路明科技集团有限公司	0.744	66
辽宁聚龙金融设备股份有限公司	0.741	71
沈阳透平机械股份有限公司	0.714	93
沈阳新松机器人自动化股份有限公司	0.712	96

表 5-10　　　　　　　　　指数值排名前十位的创新型企业及所在地区

企业名称	指数	所在地区
中兴通讯股份有限公司	0.947	广东
华为技术有限公司	0.913	广东
烟台万华聚氨酯股份有限公司	0.846	山东
北京信威通信技术股份有限公司	0.842	北京
宁波方太厨具有限公司	0.838	浙江
金发科技股份有限公司	0.830	广东
上海重型机器厂有限公司	0.826	上海
广东威创视讯科技股份有限公司	0.817	广东
重庆长安企业股份有限公司	0.815	重庆
株洲钻石切削刀具股份有限公司	0.815	湖南

（三）加快辽宁创新型企业发展的对策

目前，辽宁省创新型企业在实现较快发展的同时，依然存在创新型企业数量太少、研发投入不足、创新型企业经验推广不力等诸多问题。这些问题在一定程度上与政府、政策在某些方面的缺失相关，亟待有针对性地完善与加强，从而有效地提高辽宁创新型企业的创新发展能力，更好地发挥创新型企业的示范与引导作用。

1. 持续开展创新型企业建设活动

在创新型企业的建设发展中，政府的作用至关重要，尤其是在短期内大多数企业还不可能成为自主技术创新主体的情况下。但目前，辽宁政府对创新型企业试点工作的重视程度还稍显不足。自开展创新型企业建设活动以来，全国多数省、市、地区组织开展了本地区的创新型企业建设，辽宁也开展了创新型企业试点工作。但截至 2013 年年底，辽宁只开展了 1 次创新型（试点）企业建设活动，与云南（4 次）、厦门（3 次）、上海（3 次）、四川（3 次）及其他省/直辖市（2 次）相比稍显不够。另外，辽宁创新型试点企业有 121 家，与四川（511 家）、福建（181 家）、北京（179 家）、江苏（165 家）、湖北（150 家）等相比差距较大，一定程度上影响了辽宁创新型企业的发展。

对于创新型企业建设活动，辽宁政府及有关部门有必要进一步加大扶持力度，将活动推向深入。首先，继续开展创新型企业建设活动，广泛培育创新型试点企业，促使企业确立技术创新的主体地位，提高自主创新能力，并起到示范带头作用。其次，组织开展座谈会、交流会等，加强各创新型企业之间的交流与沟通，促进经验交流，深入调研创新型企业遇到的问题及困难，加强指导与支持。

2. 研究制定省级专项政策，抓好现有政策落实

与一般企业相比，创新型企业具有一些典型特征，主要包括：有自主品牌；有较强的研发实力；主要通过内生方式实现增长，等等。目前，国家层面专门针对创新型企业的政策还较少，主要包括：2006 年 4 月，科技部、国资委和全国总工会联合印发的《关于开展创新型企业试点工作的通知》；2007 年6 月，国家开发银行和科技部联合下发的《关于对创新型企业进行重点融资支持的通知》；2008 年 6 月，科技部印发的《关于开展创新型企业评价工作的通知》。这些政策主要是围绕创新型企业试点工作来制定的，除了融资支持政策外，并没有更为具体的专项政策。辽宁现有的与企业技术创新相关的激励政策，并没有清晰地界定几种创新主体之间的范畴和差异，大部分政策都是笼统地针对参与技术创新的所有企业，使得这些"一视同仁"的政策效果大打折扣。为了提高政策内容的针对性和有效性，应当进一步细分辽宁现有的 121 家国家创新型（试点）和省级技术创新示范企业的类型，如具体到某个行业的企业，或者采用同种关键技术的企业，深入研究每种类型企业群体的共性特征和创新障碍，然后据此确立相应的政策目标。参考借鉴福建、上海张江等地的做法，研究制定诸如《创新型企业创新成果后补助办法》《创新型企业股权和分红激励试行办法》等辽宁省级创新型企业发展专项政策措施。

另外，在调研过程中发现，当前激励创新型企业技术创新的相关政策落实不够的一个重要原因是，个别企业对于现有的关于激励企业技术创新的政策内容不了解，导致企业采取某些不合理甚至不合法的手段与方式规避税收，以降低企业的创新资金成本。针对这一现象，有必要进一步采取措施推动落实，以用足用好国家及省现有的优惠政策，尤其是积极推动企业研发费用加计扣除、高新技术企业税收优惠等政策的落实。主要做法包括：加强科技部门与国地税之间的协调和责任分工，制定操作指南和规范，定期组织面向创新型企业的政策宣传和宣讲等。

3. 加强创新型企业融资体系建设

充足的资金投入，是企业开展自主创新活动的必要条件。虽然辽宁在2012 年全省科技大会以后，围绕《中共辽宁省委辽宁省人民政府关于加快推进科技创新的若干意见》重点任务落实，加大了政府专项资金的投入，资金规

模增加近一倍。但科技创新，特别是原始创新，在初始阶段属于典型的资本密集型。对于创新型企业来讲，政府投入的专项资金只能够部分解决企业的资金难题。

对于辽宁创新型企业来讲，企业自主创新的资金来源还比较单一，过于依赖自有资金，金融体系和资本市场的支撑作用尚不明显。要建立多层次的金融资本市场体系，以引导和激励社会资源对企业的创新活动进行投入。政府应担保或搭建平台，促进在辽宁地区的商业银行与自主创新型企业建立稳定的银企关系，对创新活力企业予以重点支持。政府支持商业银行设立专门机构全面负责创新型企业的融资问题，专门扶持创新型企业的发展。具体包括：在沈阳金融商贸开发区"科技金融产品研发中心"过程中，借助金融资源集聚和创新活跃的优势，提供针对辽宁创新型企业发展的科技金融产品研发设计和供给服务，优先支持创新企业融资。推广辽宁和招商银行联合实施的"创新型成长企业综合金融服务"项目经验做法与成果收益，示范引导更多的商业银行参与创新型建设等。

与国家有关部门积极沟通，探索建立与创新型企业发展相适应的地方政策性银行，应当摆在促进辽宁创新型企业发展的重要位置。目前各大商业金融机构也都在积极进行针对创新型企业信贷的探索实践，但传统的管理体制和模式决定了这些探索都是有限的，很难收到应有的效果。发展辽宁专业的金融机构，如科技银行等，使其与国有大型商业银行形成合理的分工，从理论和实践来看都是可行的。

4. 实施创新型企业院线提升计划

建立和健全企业研发机构和创新，是增强创新型企业创新能力的核心任务。可借鉴广东省的做法，实施辽宁省创新型企业院线提升计划，对创新型企业研发机构建设进行重点支持和引导。围绕辽宁传统的装备制造、石化等优势产业以及高端新型电子信息与软件、生物医药、新能源等战略性新兴产业的创新型企业实施院线提升计划。主要内容包括两方面：一是引导辽宁省尚未组建研究开发院的创新型企业积极整合创新资源，组建及发展企业研究开发院；二是引导已组建研究开发院的创新型企业制定实施创新路线图，制定有针对性的企业创新发展战略。探索从思想路线图、市场路线图、产品路线图、技术路线图、组织路线图等制定企业创新路线图，帮助企业加速发展壮大为拥有自主知识产权核心技术、具有较强国际竞争力的龙头创新型企业，为科技型企业开展自主创新活动和创新型企业提升创新能力提供经验和借鉴。

5. 加快企业创新国际化

近年来，在经济全球化背景下，推动国内企业与国外企业，特别是国际型跨国公司在人才、技术等领域的深度合作，跨国获取创新资源，成为促进创新型企业快速成长的重要途径。北京、浙江、江苏、深圳等创新型企业发展较好的地区已率先推出了一系列举措，引导和支持企业创新国际化。辽宁在继续执行好现有对企业并购海外科技型企业和研发机构的鼓励和奖励政策基础上，推动创新型企业参与国际研发分工，重点支持创新型领军企业设立海外研发机构，就地消化吸收国际先进技术，主动参与制定国际技术标准，努力提高行业"话语权"，进一步提高创新型企业创新国际化的内涵与层次。

6. 引导创新型企业将"做强"作为核心发展目标

多年来，在相关政策的影响和引导下，辽宁许多企业都极力追求尽快"做大"。一方面，只有做大了，才会得到更多关注；另一方面，企业盲目求大，不专注于核心业务，往往公司资产盘子很大，核心竞争力却不升反降。一旦市场发生变化，企业的资金和业务风险极大。

长期以来，辽宁的某些地方政府和企业常常把进入"500强"作为梦想，有的通过不计代价的多元化扩张勉强进入门槛，有的历经多次惨痛教训早已离这个目标越来越远。实际上，企业发展有其自身的规律，"大"是市场选择和竞争的结果，是市场、技术、资本、政策等多方面因素共同作用的产物，那种靠简单规模扩张和政府资源"堆"起来的企业不可能有持久的生命力。只要拥有独特的客户价值，具备核心的竞争力，生产规模再小的企业也能够位居产业链的高端，成为行业发展的"领头雁"。对此我们需要有新的认识，不仅仅是科技部门，更需要省级组织人事、财政、国资委等部门相互协调配合，对政策和考核等方面进行新的调整，特别是优惠政策制定、项目资金分配和企业负责人的考核等方面进行调整，引导更多的企业和企业负责人致力于将企业做"强"，在做强的基础上做大。

第六章　辽宁科技金融发展实践与评价

　　金融是现代经济的核心，科技是第一生产力。实施创新驱动发展战略建设创新型国家，金融资本在支持和引导创新尤其是科技创新过程中发挥着举足轻重的作用。2015 年 3 月，中共中央、国务院印发的《关于深化体制机制改革加快实施创新驱动发展战略的若干意见》，明确提出要发挥金融创新对技术创新的助推作用，强化科技金融在科技创新中的作用，为科技创新提供有效的金融资源支持。国际经验表明，科技创新能力的提升与金融环境的完善是实施自主创新战略、建设创新型区域的重要支柱，二者缺一不可。

一、科技金融与科技金融体系

（一）科技金融的定义与特点

1. 科技金融的定义

　　科技金融主要是指科技与金融产业的有机结合，是产业金融的重要组成部分。20 世纪 70 年代，佩雷斯在探究导致欧佩克危机的原因以及结果的过程中发现技术创新在很大程度上影响着整个国家的政治、经济、文化等的变迁。她在系统研究国际技术与金融相关问题的基础上，出版了《技术革命与金融资本》一书，"技术—经济"范式的概念被第一次提出。佩雷斯对该范式的解释是：新技术的早期发展通常处于一个高速发展的时期，会导致经济的发展出现剧烈的动荡，风险资本家出于获取高额利润的动机，会选择对新技术领域进行投资，从而极大地推动技术创新与金融资本的耦合，最终实现金融资产和技术创新成倍增长的发展态势。世界经济的五次科技革命就是随着"技术—经济"的发展模式产生的。

　　"科技金融"一词国内实践中早有应用，1993 年，深圳市科技局首次用到

"科技金融"一词。但其本意仍然是"科技与金融"的缩写。"科技金融"的准确概念仍未被清晰界定，而且科技金融现阶段也未形成独立的科学内涵，虽然已有研究者对科技创新以及金融支持等领域展开研究，但都处于一种独立的研究状况，还未形成完整的体系。2009 年，四川大学教授赵昌文出版了《科技金融》一书，该著作对科技金融的概念第一次进行了界定，并且这一概念被广泛认为具有代表性。根据赵昌文教授的观点，科技金融是科技发展与金融支持之间的相互影响和促进的过程，通常金融工具、政策、制度以及服务等一系列因素的支持可以有力地促进科技的开发与成果的转化，进而推动整个高新技术产业的发展。此外科学技术的创新活动是在一定的社会环境下进行的，它离不开企业、市场、政府等主体的参与和支持，该发展过程也是整个国家科技创新体系与金融体系必不可少的组成部分。从本质上说，赵昌文教授对科技金融概念的界定侧重点在科技与金融外生变量的研究上，对于准确解释科技金融的本质还存在不足之处。

2. 科技金融的特点

（1）创新。科技金融的本质特征就是创新，创新也是科技金融发展的不竭动力。这里的创新，不仅仅指的是科学技术方面的创新，还包括了金融的创新。设计出新的金融产品与风险分散转移的机制，就是有效的金融创新。

（2）一体化。它是科技金融的基本特征，主要体现在三个方面：第一是科技和金融的一体化，科技的发展增长了对于金融的需求，而金融的发展促进了科技的进步；第二是对科技型企业支持的一体化，科技金融涵盖了科技型企业在研发、生产与成果转化的全部过程，几乎包括了其生命周期的每个阶段；第三是科技金融工具使用的一体化，科技金融工具相互结合的现象越来越普遍，资金的来源方式也越来越多样化。

（3）风险正相关性。在科技研发的过程中，风险程度呈现出逐步递减的趋势，与此同时参与科研活动的金融资本所承受的风险也呈现出逐步递减的态势。由此，在科研活动的早期阶段，因为各种不确定因素的影响导致科研活动的风险较高，此时金融资本的厌恶程度也比较高；而当到了科研活动的后期时，由于各种不确定因素逐渐减少，科研活动的发展走向稳定有序，成功的可能性也不断提升，随之金融资本的厌恶程度也会逐渐下降。

（4）收益负相关性。金融资本参与科技研发活动所获得的收益与科研活动产生的收益一般呈现负相关的关系。科研活动产生的收益一般来说是递增的，而金融资本从科研活动中得到的收益则是递减的。因此越到后期科研活动创造的收益就越高，而金融资本的收益率则会逐渐降低。

（二）科技金融体系参与主体与构成

1. 科技金融体系参与主体

（1）科技金融体系的供给方。科技金融体系的主要供给方，包含了科技贷款机构、科技保险机构和创业风险投资机构以及科技资本市场。不同的科技金融机构给予科技型企业不同的科技金融供给。科技贷款机构提供债务融资与间接融资，科技保险机构提供的是风险管理供给，创业风险投资提供的是直接融资与权益融资，而科技资本市场则提供的是债务融资与权益融资。政府作为特殊的供给方，一方面在科技金融市场运作不佳的情况下要加以引导，有时甚至会直接注入资金支持其发展；另一方面也要发挥服务与引导的作用，通过制定相关的政策吸引其他各方对科技金融的投资。个人作为单独的投资者，也是科技金融体系中供给方的重要组成部分，例如亲友对于科技型企业的借贷行为，天使投资对科技型企业的投资，个人投资者购买已经上市的科技型企业的股份等。这些个人的科技金融供给有的基于正式的合同关系，而有的只是纯粹基于信任或是社会关系。

（2）科技金融体系的需求方。科技金融体系的需求方包括科技型企业、科技研发机构、政府以及个人。科技型企业作为科技金融体系中最大的需求方，其企业生命周期中的大部分时间都需要科技金融体系供给方所提供的资金与其他方面的服务，整个科技金融体系的建立与科技金融工具的发明几乎都是为了更好地满足科技型企业发展的需要而逐渐产生的。科技研发机构等事业单位主要依赖的是政府财政中的投入，在某些时候也会对科技保险与科技贷款有所需求。政府有时候也会作为科技金融体系的需求方出现，例如政府会为了筹集科研经费而寻求在科技资本市场上募得资金。作为创业者的个人也可以是科技金融体系需求方的组成部分，创业者由于自身条件限制一般较青睐风险创业风险投资。而部分科研人员出于对项目安全性的考虑也会对科技保险有所需求。

（3）科技金融体系的中介机构。作为连接科技金融的需求方与供给方的桥梁，中介机构也为促成双方的每笔交易而活跃在科技金融体系之中。科技金融中介机构可以分为营利性的科技金融机构与非营利性的科技金融机构。其中担保机构、资产评估机构、信用评级机构以及会计师事务所等都属于营利性的科技金融中介机构，它们的主要作用是为了减少双方间的信息不对称，加强互信，同时提高整个体系的运行效率。而非营利性的科技金融中介机构包括了政府及其下属单位、科技金融行业协会等。政府及其下属单位通过自身的资源与组织的优势，可以为科技型企业提供担保，为科技型企业推荐风投或是开展项目推介会帮助科技型企业进行宣传，因此这是个特殊的科技金融中介机构。科技金融行业协会则是促进行业自律的非营利性团体。

（4）政府。科技金融体系的特殊参与者。政府集科技金融供给者、科技金融参与者、科技金融中介机构三重角色于一身，参与到了科技金融体系的各个方面，此外，政府还负有引导与支持科技金融发展的责任与义务。科技部门需要对企业的产品、无形资产、专利等方面进行保护，财政部门要合理分配预算，落实对于科技的资金投入，金融部门则要创造条件帮助科技型企业取得资金，解决企业的燃眉之急。

2. 科技金融体系的构成

（1）科技财政资源。科技财政资源指的是国家通过税收优惠或是财政预算等方式以间接或直接支持科学技术活动。科技财政资源是科技金融体系的重要组成部分，特别是在市场失灵与市场残缺的情况下，科技财政资源能为科技活动的研发与开展提供十分重要的金融支持。

（2）科技贷款。科技贷款是为科技型企业发展和各种科技活动的开展而提供的债务性金融支持，是科技型企业融资的重要途径之一，在我国由银行等金融机构主导。根据供给者身份的不同，科技贷款可以分为商业银行科技贷款、民间金融科技贷款以及政策性银行科技贷款。在性质上科技贷款属于债务融资、间接融资。现阶段科技型中小企业获取商业银行科技贷款的难度还比较高，因此大部分处于种子期与成长期的科技型企业都会选择其他的融资方式。

（3）科技保险。科技保险是指以保险作为分散风险的手段，针对科技研发的风险、科技型企业的经营风险以及科技金融系统自身的系统性风险，由相关保险公司给予赔偿或给付保险金的保障方式。根据保险经营者与运营机制的不同，可以分为政策性科技保险和商业性科技保险。科技保险在我国尚处于起步阶段，在政府的扶持与引导之下才能得到更好地发展，因此政策性科技保险在当前的科技保险市场中占据着相当重要的地位。

（4）科技资本市场。科技资本市场指的是除创业风险投资之外的为科技型企业提供直接融资的资本市场，它以资本市场为依托，通过科技资源为内容和运行载体，促进科技成果更快地转化为生产力，最终实现科技成果的产业化。根据风险的高低、企业规模的大小等，可以将科技资本市场分为多个层次类别，如主板市场、创业板市场、中小企业板市场等。此外，科技资本市场与科技金融体系的其他组成部分也有着密切关系，它为创业风险投资提供退出机制，为科技贷款证券化提供平台，科技保险也有赖于科技资本市场的发展。

（5）创业风险投资。创业风险投资有时也译作"风险投资""创业资本"，具有与一般投资行为共同的特点，都是在承受一定风险的情况下寻求利润的最大化，同时它又能与其他投资行为相区别，其区别主要在于投资对象、收益来源以及实现收益的方式。创业风险投资的投资对象是具有高成长潜力的企业，企业的成长增值是创业风险投资的收益来源，而通过出售持有的企业股权变现则是创业风险投资独特的收益方式。从资金的来源和运营目的进行划分，可以将创业风险投资分为私人创业风险投资和公共创业风险投资。目前创业风险投资在我国发展的速度与规模正迅速扩大，不少政府与企业都已参与其中。

（6）外部环境支持。外部环境的支持也是科技金融体系的重要组成部分。每个国家都有各自引以为傲的文化与历史传统，也有着各具特色的经济和法律体制，这些对于科技金融体系的运行效率以及运行水平都有着不同的影响。许多国家在经济发展水平、居民文化程度、教育资源投入等方面相差无几，但是科技金融的发展水平却大相径庭，不同的外部环境正是其原因所在。科技金融的外部环境主要包括信用担保体系、契约意识、企业家精神以及法律体系和政策环境等多个方面，其中的法律体系和政策环境体现了政府的意志，是政府促进科技金融发展的重要表现，对于外部环境的其他部分也有着深刻的影响。

二、科技金融运行与发展模式

（一）理论模式

1. 政府主导型协同发展模式

政府主导型协同发展模式适用于区域科技创新与科技金融发展均较低的地区，由于科技创新主体与市场科技金融主体协同能力较弱，为此需要政府为主要推动力实现区域科技创新与科技金融协同发展，即通过政府力量实现系统要素间组合结构的优化。政府主导型协同发展模式主要通过以下两条正反馈回路，实现区域科技创新与科技金融协同发展。

（1）政府公共科技金融资金规模增加→区域创新主体科技创新产出增加→政府公共科技金融资金规模增加。

（2）政府公共科技金融资金规模增加→市场科技金融资金规模增加→区域创新主体科技创新产出增加→政府公共科技金融资金规模增加。

政府主导型协同发展模式在判断区域科技创新与科技金融系统序参量显性指标科技创新产出与科技金融资金规模协同程度较低的条件下，分析制约二者协同发展的关键因素，是科技创新相对滞后还是科技金融相对滞后，进而制定区域科技创新优先发展战略或科技金融优先发展战略。政府主导推动力量可通过财政科技投入优化配置和税收政策配合促进区域科技创新与科技金融系统要素有效匹配。财政科技投入可以分为两部分：对区域科技创新的直接投入与区域市场科技金融的间接投入。政府财政与科技管理部门在对下一年度科技投入预算时，基于相应发展战略，将财政科技投入在科技创新与市场科技金融之间进行优化配置，以达到有限财政资金的最大引导带动效果。在区域科技创新发展相对滞后的情况下，应加大对科技创新的直接投入，通过科技计划等手段带动科技创新能力快速提升，进而提高市场科技金融主体的投资利润。反之，在区域市场科技金融相对滞后的情况下，应侧重对市场科技金融的间接投入，通过建立引导基金等手段聚集市场科技金融资金，引导社会资本流向科技创新领域。在政府主导型协同发展模式下，税收政策为辅助手段，与财政科技投入重点相适应，设计相应的科技创新税收优惠政策与市场科技金融税收优惠政策。通过财政科技投入配置与税收政策相互配合，获得总体政策效应的最大化，实现"1+1＞2"的政策协同效果。通过测度区域科技创新与科技金融协同发展程度，考察政府财政科技投入与税收政策的实施效果，其测度结果一方面考评政府相关部门政策的制定是否合理，执行是否有效；另一方面该结果亦是下一阶段决策的起点。

在政府主导型协同发展模式下，政府通过直接资助与相关政策法规配合，重点推进区域内产学研金合作。政府主导型协同发展模式是在市场驱动不足条件下发展模式，其目标为集中整合区域内优势创新与金融资源，培育以企业为代表的科技创新主体和市场科技金融发展壮大，提升区域科技创新与科技金融协同发展的市场驱动力。创新企业与市场科技金融主体合作的关键是盈利预期，由于科技创新的知识创新前端（如基础研究）尚不存在经济效益的预期，为此，政府主导型协同发展模式的主要任务是促进从知识创新后端到产业化环节的"产、学、研、金、政"的有效结合，优化区域科技创新与科技金融系统要素结构，知识创新后端指从产业共性与关键性技术攻关起始，集中高校与科研院所资源直接为企业提供创新知识。在该模式下，区域财政科技投入的基础研究比重较小，主要与国家基础研究计划匹配，考虑区域内高校与科研院所优势学科，提供部分匹配经费。地方政府科技部门、财政部门、发改委等多部门科研立项需通力合作，共同制订计划，防止重复立项，最大限度地发挥有限财政资金的引导带动效果。在科技创新立项过程中，政府引导区域内相关金融资本介入，一方面通过政府投资分散市场科技金融主体的投资风险，另一方面通过政府组织专家进行项目筛选，为市场科技金融主体投资提供参考信息。同时政府培育区域市场科技金融主体过程中，要注重区域金融资源比较优势，即区域内风险投资机构、商业银行、科技资本市场融资的相对比较优势，选择最适合本区域的市场科技金融发展路径，可选择单一的商业银行科技信贷优先培育、风险投资机构优先培育或二者相结合等发展路径。具体可通过政策性科技担保降低商业银行科技信贷风险，通过风险投资引导基金支持区域风险投资机构的发展，而对于二者相结合的方式，需具体设计利益分配、风险承担比例等。该模式下，对于创新型中小企业的支持主要由政府承担，由政府扮演天使投资者的角色，通过建立中小企业技术创新基金支持区域创新型中小企业发展。在政府主导型协同发展模式中，政府采用的有效手段为财政科技投入导向，税收优惠政策还仅仅是辅助手段，为此政府财政科技投入配置的优化与有效监管是政府主导型协同发展模式运行成功的关键。

2. 过渡型协同发展模式

过渡型协同发展模式为区域科技创新与科技金融本身具备一定发展基础或经过政府主导型协同发展模式培育后，适宜采取的协同发展模式。区域科技创新与科技金融发展处于中等水平，科技创新主体（尤其是企业）与市场科技金融主体具备一定协同能力。在过渡型协同发展模式中，以下四条正反馈回路均发挥重要作用：

（1）政府公共科技金融资金规模增加→区域创新主体科技创新产出增加→政府公共科技金融资金规模增加；

（2）政府公共科技金融资金规模增加→市场科技金融资金规模增加→区域创新主体科技创新产出增加→政府公共科技金融资金规模增加；

（3）市场科技金融资金规模增加→区域创新主体科技创新产出增加→市场科技金融资金规模增加；

（4）区域创新主体科技创新产出增加→市场科技金融资金规模增加→区域创新主体科技创新产出增加。

过渡型协同发展模式中，政府、科技创新主体与市场科技金融主体同时发挥协同能力，实现区域科技创新与科技金融系统要素间的组合结构优化，表现为政府协同的驱动力量在减弱、市场协同的驱动力量在增强的过程。政府对科技创新直接投入的重点向科技创新环节的前端侧重，减少财政科技资金对科技成果转化与产业环节的投入，该创新环节具有较强的盈利预期，应由区域内培育起来的企业创新主体来完成，而适当增加对于基础研究等知识创新前端的投入。同时由于区域市场科技金融亦达到一定发展规模，应降低政府财政对市场科技金融主体的投入，通过科技创新主体（尤其是企业）的创新与盈利能力增强，吸引市场科技金融主体积极介入创新领域。对于正处于发展壮大的科技创新主体（尤其是企业）和市场科技金融主体，政府可通过增强税收激励的力度，引导并利用市场力量来实现区域科技创新与科技金融协同发展。

在过渡型协同发展模式下，区域内产学研金合作已经具备一定基础，该模式下的目标定位为促进"区域创新 + 金融集群"的形成。地理邻近性与专业化选择是区域创新集群形成的有利条件。在创新集群形成的早期阶段，企业倾向于与当地的业务相关性企业、高校与科研院所组成创新关系型网络，原因在于与地域邻近组织建立关系型网络的合作成本相对较低。为此创新集群集聚地点与集聚产业的确定至关重要，政府相关部门组织专家调研、企业界与金融界座谈、多方论证等方式审慎选择集群集聚地点与集聚产业，充分考虑高校、科研院所与产业企业分布。

政府在促进创新集群形成过程，一方面培育创新型优势企业做大做强，带动以大企业为主导的产业链上下游企业的集群式发展；另一方面鼓励高校与科研院所科研人员创办中小企业，活跃创新氛围，促进知识传播与溢出。与市场科技金融主体投入相比，政府财政科技投入的比重在下降，地方财政科技投入对科技创新投入的目标是在区域主导产业或优势产业共性与关键性技术攻关的基础上，逐步提升区域基础研究能力，但基础研究还主要围绕与区域重点产业相关的领域进行，并向创新集群产业倾斜。积极打造创新集群地的外部环境，通过优惠政策，吸引国内外企业、科技创新人员及市场科技金融主体入驻，政府科技管理部门、财政部门、银监会等机构出台相关政策，在巩固原有市场科技金融发展路径的基础上，与创新集群相适应，大力推进市场科技金融主体的多元化与市场科技金融工具创新。鼓励当地商业银行在集群地设立科技支行，设计与科技支行信贷相适应的监管与税收制度。引导商业银行发展知识产权质押贷款，政府职责为完善知识产权质押的相关流程，主要是建立知识产权评估机构与知识产权交易平台。培育商业性科技担保机构，政府力量转向科技贷款的再担保，并发展对创新企业与市场科技金融主体投资均具有一定积极意义的科技保险，通过政策性手段引导区域内保险机构开展科技保险业务。通过引导基金的方式培育天使投资者，天使投资者对创新企业的初期培育是风险投资机构介入的关键，对区域内知识创新到技术创新的转化具有关键性的作用。

在过渡型协同发展模式下，政府相关部门的职责为改善区域科技创新主体与市场科技金融主体的发展环境，强化税收激励的效果。针对企业创新主体与市场科技金融主体进行有效的税收优惠，起到普适性的激励效果，为此科学合理设计税收优惠制度是关键环节。

3. 市场主导型协同发展模式

市场主导型协同发展模式适用于区域科技创新与科技金融发展水平均较高的地区，科技创新主体（尤其是企业）与市场科技金融主体协同能力较强，政府在区域科技创新与科技金融协同发展中的作用弱于上述两方。在市场主导型协同发展模式下，以下两条正反馈回路发挥重要作用：

（1）市场科技金融资金规模增加→区域创新主体科技创新产出增加→市场科技金融资金规模增加；

（2）区域创新主体科技创新产出增加→市场科技金融资金规模增加→区域创新主体科技产出增加。

在市场主导型协同发展模式下，区域科技创新与科技金融系统要素的结构优化主要由市场力量驱动完成，但在以市场为主导的协同发展过程中，存在市场"失灵"的领域，以基础研究和前沿技术为代表知识创新前端，创新周期长，且研究失败风险非常高，尚无创新市场价值实现的预期，为此在该创新阶段，科技创新主体与市场科技金融主体很难匹配，但由于该知识创新前端对区域知识经济的长期持续发展和抢占世界科技创新制高点具有重要意义，为此需要财政科技投入补充实现科技创新主体与公共科技金融资金的匹配。同时，虽然科技创新主体与市场科技金融主体协同能力较强，但二者协同过程中可能会出现投资过热的风险，最典型的情况的是 2000 年美国的网络泡沫。该类型风险不仅出现在科技创新主体与市场科技金融主体之间，政府公共科技金融投入同样可能出现某一领域的过度投资，为此应建立区域科技创新与科技金融协同发展风险监控体系，监控其协同发展过程中的投资过热风险，避免某一新兴领域的人力、物力、财力资源的过度配置。

市场主导型协同模式下仍需要对区域科技创新与科技金融协同程度进行测度，防范科技创新主体与科技金融主体发展失衡而导致的系统协同性下降。在市场主导型协同发展模式下，区域"创新＋金融"集群已基本形成，区域内新产品、新技术等科技创新成果大量涌现，并且市场科技金融规模呈现不断扩张的态势，创新集群扩张并向虚拟化、跨行业方向发展。该模式下的目标定位为继续维持该状态，并保持创新集群的持续领先态势，防止集群技术黏性或投资泡沫而导致创新集群衰退。引导区域创新集群中大型优势企业与高校、科研机构组成"前竞争"研发联盟，研究本行业下一代技术，制定相关行业标准，保持其持续领先的地位。吸引国内外大型企业设立研发机构，同时吸引国内外高级人才，为区域创新集群可持续性发展提供原动力。政府对区域科技创新的直接投入集中在科技创新最前端，探索性基础研究与下一代技术变革的相关技术研发，高校与科研院所是这类研究的主体。

（二）国外实践模式

目前，欧美等发达国家在科技金融发展实践中取得了很大的成功，科技与金融产业实现了有机结合。金融成为科技发展坚强的后盾，为科技的发展提供大量的资金支持，而科技产业的发展也为金融产业的不断发展壮大提供了契机。目前，国外科技金融发展中主要呈现出欧美和日韩两种各具特色的发展模式。

1. 欧美地区模式

欧美地区的科技金融发展到现在已有几十年的历史，经过不断的变化发展呈现出一种较为成熟的发展模式。欧美地区现阶段的科技金融模式主要有三条路径——初端、中端、高端。

（1）欧美地区科技与金融初端的合作模式主要是指科技企业依靠金融进行融资，而金融机构借助科技创新对其信息进行创新。科技企业的发展主要通过两种渠道进行融资，一是欧美地区科技企业的发展享受国家财政的支持。现已建立起一套较为完善的资金支持体系，每年都有相应的财政拨款支持。"硅谷"就是得益于国家支持而不断繁荣发展的。二是科技企业通过市场进行融资。现阶段科技企业建立的各类融资平台已能在透明环境下市场化运行，华尔街的金融机构以及债券、股票市场都能成为科技企业发展的融资平台。此外，科技企业依靠金融机构获得资金上的支持，反过来科学技术的发展又能有效推动金融机构工作效率的提高。如科技企业对于信息处理等技术的不断优化，可为金融机构（证券交易所、银行）提供信息数据处理的技术支持，不断完善金融机构的交易系统、金融创新以及商业渠道开发等。总之，科技企业与金融机构的合作是一种相互影响、相互促进的过程。

（2）欧美地区科技与金融的中端合作路径中最显著的特征就是科技企业与金融机构之间的集聚化发展。随着初端合作模式的不断完善，科技与金融双方都开始寻找一种新的合作契机。鉴于科技企业高风险的现实特征，银行对是否支持科技企业的融资有诸多顾虑，科技企业在融资过程中较难获得银行的支持，而风险投资却恰好相反。作为金融市场的重要组成部分，这类机构十分热衷于对科技企业进行投资，加之风险投资随着美国"128 公路"的发展进程得到快速的发展，并逐渐成为一种新的投资机制，在广大的欧美地区，风险投资逐渐成为科技企业重要的融资渠道。风险投资不仅为科技企业的发展提供了先进技术的指导，还在科技与金融的融合中发挥了重要作用。此外政策的支持在科技与金融中端合作路径中起着关键的作用，有利于政府、银行和企业三方之间的合作，加速了科技与金融的集聚化发展，使整个地区科技金融实力得到大大的提高。

（3）科技与金融在欧美地区高端合作路径的显著特征是集群化发展。欧美地区世界 500 强企业的发展某种程度上都呈现出集科技与金融于一体的发展模式，这种集群化的发展也被称为科技金融一体化。

2. 日韩模式

与欧美地区科技金融模式相比，日本、韩国的科技与金融发展模式具有显著的差异性。

过去日本、韩国为了实现经济快速发展的目标，鼓励银行对科技企业的发展提供资金上的支持，在具体发展过程中还出现科技企业被银行参股或控股的情况，这就使得科技企业与金融机构的发展出现不平衡。在此之后，日韩着手对金融体制进行改革，改变了过去该地区科技企业过分依赖金融机构的单一化发展结构，并逐渐向多元化发展结构模式转变。

就风险资本实力而言，欧美地区要比日韩地区的风险资本实力强得多，但日韩的风险资本仍对科技企业的融资给予了帮助，加之政府部门对风险资本的规划及管理，风险资本运行呈现出有序发展的特征。此外，政府对风险资本投资科技企业给予了大力的支持和优惠。在科技与金融高端合作上，日韩地区就科技与金融的集群化水平与欧美地区相比仍有较大差距，但已初现形态。

三、辽宁科技金融发展实践

（一）辽宁科技金融发展现状

辽宁各级政府部门、金融部门及社会有关力量在推进科技与金融结合发展方面进行了大量探索和创新，采取多种措施来破解科技、经济"两张皮"难题。近年来，辽宁省科技金融政策不断完善，科技金融结合正在日益深化。

1. 科技金融政策法规逐步完善

"十一五"以来，我国科技金融工作步伐明显加快。《关于进一步加大对科技型中小企业信贷支持的指导意见》《关于开展科技保险创新试点工作的通知》等多个规范科技金融的政策文件出台。2010年，国家"一行三局"和科技部等有关部委联合颁布了《促进科技和金融结合实施试点方案》，科技和各金融相关部门的合作全面启动。在这样的背景下，辽宁积极探索，不断完善科技金融结合的政策法规。并于2012年公布了《中共辽宁省委 辽宁省人民政府关于推进科技创新发展的若干意见》（简称《若干意见》），明确提出了促进辽宁金融与科技创新相结合的两大措施与目标，并在2013年出台了相关配套政策作为《若干意见》的补充。2013年7月，辽宁省金融办制定出台了《关于加快发展科技金融推进科技创新的实施意见》，提出辽宁科技金融发展的目标及具体措施应该集中于加强科技金融创新服务示范区建设、加大科技信贷投入，对科技信贷服务予以创新、开拓科技企业的渠道融资以及完善相对应的服务支撑体系等内容。2014年颁布实施的《辽宁自主创新条例》又从科技资金投入、创业（风险）投资机构发展、政府有关部门服务等方面对保障科技与金融有效结合做出了一系列新要求与新规定。

2. 科技金融综合服务体系逐步完善

2013年4月，辽宁省委、省政府在沈阳市召开了辽宁省金融示范区建设工作会议。第一批五个试点区：沈阳金融商贸开发区、沈阳经济技术开发区、大连高新区、鞍山高新区和营口高新区的确定，标志着辽宁省的科技金融示范园的试点工作开始正式启动，并逐渐形成"1+N"的发展模式。首批5个试点园区取得积极成效，已形成部分可复制、可推广的经验模式，为全省科技金融示范区和科技金融综合服务体系的建设提供了有益的经验借鉴。第二批本溪、阜新、葫芦岛、丹东等4个高新区科技金融试点工作已启动。

3. 科技企业的融资渠道由单一化向多元化

近年来，在完善原有上市融资渠道的基础上，辽宁致力于扩宽企业创新发展新的直接融资渠道，构建多层次资本市场体系，解决上市公司后备资源不足的问题。截至 2014 年年底，新三板挂牌企业已达 41 家。2013 年 2 月成立辽宁股权交易中心，致力于为当地企业的债权、股权以及其他权益的转让提供平台，并为企业融资提供服务。2014 年 4 月，辽宁股权交易中心首批科技型企业已挂牌，成为国内区域股权交易市场首个专项科技概念的板块。截至 2014 年年底，辽宁股交中心挂牌及展示企业达 923 家，实现企业综合融资高达 19.2 亿元，反映出其对创新型企业的发展和推动企业上市的巨大作用。

4. 科技金融创新试点成效逐步显现

2012 年 6 月，大连市被科技部等五部委确定为首批促进科技和金融结合试点地区，并出台了《创新发展科技金融实施方案》。该方案提出从科技金融专属产品的研发、科技金融服务体系的完善、搭建科技投融资服务平台等方面先试先行，并制定了相关配套政策，取得很好的成效，并对辽宁省其他地区加快科技与金融结合发展起到了很强的示范带动作用。为加强金融对科技的扶持，驻辽宁省的各金融机构近年来也不断完善金融服务创新。如招商银行辽宁分行已在沈阳金融商贸开发区设立"科技金融产品研发中心"并启动"金融超市"的试点工作，采取了融资租赁、知识产权抵押、集合票据与债券以及风险投资等不同的融资方法，为科技型企业融资开拓新渠道。

（二）辽宁科技金融发展中的问题与制约因素

1. 存在的主要问题

（1）政策措施缺乏针对性。虽然 2013 年辽宁制定出台了首个以科技与金融为主题的政策，但现阶段出台的与科技和金融有关的政策主要是为中小企业的融资问题服务，虽然政策中也有针对科技创新的内容，但严重缺乏科技与金融如何有机结合的政策措施，导致了科技金融的规范化发展缺乏规章制度的引导和约束。另外，科技企业与创新的发展对金融的需求有别于传统的金融需求，科技企业与金融机构在新的形势下无论是参与方式、风险控制机制、融资渠道以及如何分配利益等方面呈现出极强的独特性，原有的政策和问题解决方式在新形势下对科技与金融的融合发展都很不相适应。

（2）金融机构参与度不强。辽宁的经济发展存在着有别于其他省份的特殊情况。作为老工业基地，辽宁国有企业比重高，而且金融机构为规避风险，在投资决策上更倾向于风险较小的国有大中型企业。鉴于科技金融存在较大风险隐患的实际情况，而且金融机构参与科技金融业务之前还要对其内部资源进行合理的调整，高风险、高成本的现实状况严重打击了金融机构参与科技金融的积极性。现有的银行信贷机制与科技企业特点的不适应，导致银行产品的提供不能满足科技企业信贷的实际需求，使得众多的科技企业不得不寻求其他的融资渠道。

（3）科技金融公共服务平台尚未真正建立。信息的对称是科技与金融融合的必要条件，但对于金融机构来讲，可获取的有价值的辽宁省科技资源信息十分匮乏。金融机构无法对科技企业的发展现状以及发展前景进行详细的了解，使得银行推出的贷款产品与信贷模式无法很好地与科技企业契合。另外创业投资机构与科技型企业之间没有有效的沟通交流机制，导致担保公司和咨询评估公司等中介机构无法发挥应有的作用，某种程度上来看，金融机构的决策出现偏差正是由于信息不对称的影响。

（4）资本市场体系与融资渠道单一。科技企业成立之初的融资方式通常是权益型融资，风险投资、债权融资、私募投资以及民间投资等，多渠道的投资方式一般是在科技企业发展到一定阶段才会采用，因为这些投资方式需要企业拥有一定偿债能力。另外这些投资方式的实施离不开多层次的资本市场体系支持。辽宁省的资本市场并不完善，科技企业能进行融资的场所十分有限。而且，辽宁省科技企业与海外市场的沟通渠道也十分狭窄，虽然为改善这一情况成立了辽宁股权交易中心，但该机构的功能并未真正得到实现。

（5）融资评估机制与担保体系建设不完善。科技型企业融资的风险主要包括两方面的内容：一是"资产轻"，科技公司进行融资时由于实力不强，不能提供有价值的抵押物、质押物等，银行无法保证其还款能力；二是银行与企业之间存在信息不对称的情况，银行无法准确判断科技成果的价值以及难以评估科技企业的风险特征。虽然省知识产权局等七部门在 2011 年已制定出台了《辽宁省专利权、著作权和集成电路布图设计权质押贷款暂行办法》等知识产权质押贷款管理办法，但由于缺乏权威的知识产权评估机构及完善的评估制度，对于知识产权等无形资产的评估缺少标准，无法形成公信力。同时，没有相应的政府担保资金和贴息补助，银行贷款风险仍旧较大，积极性不强。

2. 存在的制约因素

（1）政策性担保体系的运行机制缺陷。由于政策性担保机构是在各级政府的直接支持下建立起来的，很容易造成政府与政策性担保机构之间的权责边界模糊。在实际运作中，政府会认为"谁出资，谁决策"并以出资人身份干预担保业务活动，不按担保程序来执行担保业务，出现各种形式的指令担保，甚至人情担保，使担保机构蒙受损失。从担保机构自身管理看，大多数政策性担保机构缺乏科学的内部控制制度，对每笔担保业务的风险控制、单个企业的担保额及担保放大倍数、代偿率的大小等关键指标没有明确规定，业务执行缺乏透明度等。

政策性担保机构的资金来源以各级地方政府财政资金的一次性划入为主，且规模不大，缺乏持续的风险补偿资金投入机制，使政策性担保更多成为一种短期政府行为。而且，中国的政策性担保机构缺乏明确的制度规范和法律支持，实力过于弱小，在实践中缺乏有利的谈判地位，导致大多数银行倾向于将中小企业的贷款风险转嫁给担保机构，严重制约了担保机构的发展和担保业务的开展。

（2）风险补偿机制的缺乏。由于我国实行利率管制的金融政策，科技贷款的利率浮动范围非常有限，从而降低了银行科技贷款的积极性。科技贷款的风险要高于其他中长期贷款，而国家要求银行对科技贷款的利率定价不得高于其他中长期贷款，这就使得银行无法通过提高利率来对风险进行补偿。

我国施行金融分业经营，银行只能进行单一的间接融资，而不能像美国硅谷银行那样突破债券投资和股权投资的界限，从而无法分享到科技贷款所带来的巨大收益。当科技创新失败时，银行却要承担同样的风险损失。显然，银行不会主动进行科技贷款业务。因此，科技企业难以获得资金支持，同时，一定程度上也限制了新成立的科技银行或科技专营机构的规模和发展动力。

（3）信贷工具的创新不足。一方面国家信贷政策对银行信贷工具的创新有很大的制约；另一方面以银行为主的金融中介机构占据大量金融资源，银行自身也缺乏足够的动力去面向科技企业尤其是小型科技企业提供多样化的信贷工具，从而难以满足科技成果转化以及科技企业发展的需要。

（4）"银行导向型"的科技金融融合模式存在缺陷。我国长期以来形成的"银行导向型"融资体制存在明显的缺陷，对科技创新的支持力度非常欠缺，政策性银行缺乏专业性。目前无论是以"两基一支"为主要支持对象的国家开发银行，还是以"进出口融资"为核心业务的中国进出口银行，以及以"农业开发"为核心业务的中国农业发展银行，都很少开展专门针对科技创新和科技开发的业务，因此现有三大政策性银行对科技创新的支持并不具有专业性，难以满足发挥政策性金融对科技创新的引导效应。

（5）风险投资阻碍科技金融融合。在国外，介入风险投资领域的金融机构主要有商业银行、投资银行、养老基金和保险公司，尽管 2008 年多类金融资本获准涉足股权投资领域，如证券公司相继获准开展直投业务，社保基金获准投资经发改委批准的产业基金和在发改委备案的市场化股权投资基金等，使风险投资的资金来源大为拓宽，但是金融机构要想成为中国风险投资主体，仍然面临着政策法规的限制和阻碍。此外，政府对民间资本进入风险投资领域仍然没有放开。私募基金缺乏相关法律支撑，一些筹集资金行为不规范，仍游离于法律的边缘。养老基金和保险基金还未正式进入风险投资市场，更没有形成一定规模。

按照西方发达国家的经验，政府的主要职责不是提供资金，不应成为风险资本资金来源的主体，而是为风险投资提供良好的外部环境，完善市场体系，做好风险投资的监管，规范投资行为。政府资金的作用主要是带动民间资本进入创业投资领域，发挥示范和引导的作用。但是中国自从引入风险投资以来就一直是政策性风险投资机构占主导地位。这种"国有"性质导致了风险投资运作的低效率，风险投资者的行为将趋于保守和短期性，违背了风险投资向极具潜力的新兴企业或中小企业投资的初衷。风险投资的关键在于退出环节。能否成功地退出不仅是实现风险投资资本增值的基本前提，而且也是风险投资在时序上和空间上不断循环的保证。目前，中国的多层次资本市场体系尚未健全，完备的风险投资退出机制尚未形成，导致中国风险资本以上市方式退出的比例极其有限。

（三）辽宁省科技金融发展的思路与对策

科技金融是一项复杂的系统工程，涉及各个方面，需要集成区域内人力、物力、财力等多项资源。在科技金融体系中，政府是一个特殊主体，具有对市场进行调控和引导的功能，能有力推进科技金融的发展。

1. 加强科技金融工作的领导协调

在现行科技金融体制瓶颈难以突破的情况下，各级党政领导在实施创新驱动发展战略上更要将重心放在推动科技金融发展上，合理利用多方面资源，促进本区域科技金融的有机结合。如杭州银行科技支行能顺利成立，并在全国率先实现体制性突破，并取得良好的政策效果，完全是在杭州市主要领导的高度重视和大力支持下实现的。

现阶段，科技金融体系建设是国家科技部正在大力推进的一项工程，应充分发挥引导和推动作用，将科技金融作为辽宁省区域科技创新体系建设的重点和全省科技工作的一个重要抓手。一方面充分发挥政府有关部门的规划引导作用，推动科技创新和科技金融协同发展。可在现有的辽宁省促进科技金融发展工作联席会议制度基础上，成立省科技金融工作领导小组，探索科技厅与人民银行、银监局、证监局、保监局、金融办、财政厅等部门的合作机制，统筹协调全省科技金融工作。另一方面，要因势利导，加强宣传。科技厅与金融办等部门组织召开有影响力的科技金融工作研讨会与高层论坛，利用国家出台《关于深化体制机制改革加快实施创新驱动发展战略的若干意见》的政策机遇期，与国开行等政策性银行积极沟通，争取其对符合条件的企业创新活动加大信贷支持力度。

2. 探索建立财政支持科技金融发展的新模式

辽宁省存在风险投资产业实力较弱的情况，这一状况严重制约了辽宁高科技企业的发展。为有效解决这一问题，应该注重将更多的银行资本引导投入到科技研发的领域中去。辽宁省现有 8 家国家级高新区、7 家国家级大学科技园区，同时又有盛京银行、大连银行等区域性银行，应合理利用本地资源，可参考杭州等地的成功经验，探索出一条适合辽宁省实际发展的道路。在条件满足的高新区或者大学科技园建立区域性银行，旗下设立专门的服务于科技企业的科技支行，为本地科技型企业提供资金保障。

政府财政资金可以发挥两方面的作用：一是对经认定的科技银行贷款给予贷款贴息，以降低科技型企业银行融资的成本和难度，提高科技型企业融资效率和成功率。贴息资金可以通过现有财政科技投入资金予以解决，不会对财政形成压力。同时，由原有的常规一次性财政补贴转变为可连续数年的持续性扶持，有利于形成扶持科技型企业的长期稳定机制。二是建立科技金融风险补偿专项基金，加大科技扶持资金规模。整合政府有关部门现有的科技创新投入资金，将原本拨付用于项目研发、企业技改的财政扶持资金汇入科技支行，科技支行、担保公司以及地方政府等中介机构（根据一定的池内风险损失补偿比例设立相应的信贷风险补偿基金）。在风险分担机制下，由于政府的介入，能提升担保公司和银行的风险容忍度，降低对科技型企业的信贷准入门槛。杭州市与杭州银行科技支行已在这一方面先试先行，取得了良好的政策效果，受到政府、银行、企业、担保机构等各方的普遍欢迎和广泛认可。例如，杭州市西湖区财政局、杭州高科技担保公司分别出资 1000 万元，杭州银行科技支行匹配500 万元，安排总规模 1 亿元科技信贷资金，按照 4∶4∶2 比例分担损失。2500

万元以内损失，杭州市西湖区财政的损失上限为 1000 万元；超过风险池基金部分，杭州市西湖区财政不承担责任，由杭州银行科技支行和高科技担保公司按照2∶8比例来分担。从财政的角度来看，一方面财政资金 1000 万元的投入效果实际扩大到 1 亿元，财政资金效果非常明显。从企业和银行的角度来看，政府参与风险分担，承担 40% 的风险，提高了银行和担保公司的风险容忍度，显著降低了企业的融资门槛。这种财政资金的投入管理相对简单，而且设有止损线，负债等财政风险概率较低，辽宁省可以借鉴推广这一做法。

3. 推动与金融相结合的"创新联盟"发展

辽宁省科技与金融的结合不仅离不开政府部门的支持与引导，更需要科技创新主体与金融主体之间开展深度的合作，即需要建立各类"创新联盟"，进而实现企业层面上的科技创新与金融的有机结合，为全省大范围的科技创新与金融协同发展奠定基础。

一要支持科技创新与金融要素之间的有机结合。鉴于科技金融与创新主体在各种创新资源累积内容上存在差异性，并且各有优势，因此，政府有关部门应发挥其宏观调控与引导的作用，支持和推动现有省级各产业技术创新战略联盟以原有科技创新主体为基点，吸纳更多的中介机构与科技金融资源，并根据创新目标或者项目的实际情况组建相适应的创新联盟，如"产学研金创新联盟""产研金创新联盟""产学研金介创新联盟"等不同类型的"创新联盟"。二要制定相应的政策措施，支持"创新联盟"的发展。为了加快辽宁省各类"创新联盟"的发展，科技厅、发改委、经信委和财政厅等有关部门可联合制定有关科技创新激励政策，鼓励具有科技优势的创新主体与具有资金优势的金融主体建立优势集成的创新联盟，优先承担国家重点科技项目，辽宁省重大科技支撑项目、重要产业化专项基金项目和重大国家合作项目等。三要创建"创新联盟"网络群。由于创新主体与金融主体存在信息的不对称，为加强"创新联盟"之间的交流与合作，应多部门联合定期组织各类科技创新论坛、金融投资论坛和"产学研金介"合作论坛等，加强各部门间的交流学习，促进部门间的友好合作，完善"创新联盟"网络群。

4. 建立科技金融公共服务平台

为实现辽宁省科技创新与金融协同发展的目标，科技创新与科技金融都需要有效的信息服务与支持。现已组建的"辽宁省科技创新服务平台"与"辽宁省网上技术交易市场"，缺少科技金融公共服务子平台，还不能有效为企业创新创业提供科技金融方面的信息服务和支持。

应在现有"辽宁省科技创新服务平台"或"辽宁省网上技术交易市场"基础上，构建"科技金融公共服务子平台"。负责信息收集、加工、公布以及管理等内容，以便为科技创新提供有效的科技金融服务信息服务支持。通过该平台的创建，进一步完善科技金融相关信息库内容，重点涵盖科技金融投资信息库、科技创新融资需求信息库和市场金融投资信息库，能够实现需求供给二者的有效对接。政府支持信息库中应该涵盖发改委、科技厅、经信委以及财政厅等有关部门的相关信息，政府税收优惠政策也可借助该平台进行汇总和宣传，为省内的高校、企业、银行以及风险投资等主体的信息查询提供便利。为实现信息查询的高效性，科技创新融资需求信息库中可对科技创新融资需求的相关信息进行分类，一类为高校与科研院所需信息库，另一类为企业信息库，专门汇总企业发展的有关信息。具体来说，高校与科研院所需信息库的内容可以包括省内各高校和研究院的各类科技成果，通过信息查询能了解到有关项目技术应用性与先进性等相关信息。企业信息库的内容可以包含各企业的运营情况、融资项目的发展前景以及企业的优势与不足等情况，为市场科技金融主体对企业具体信息的了解提供平台。市场金融投资信息库涵盖银行、风险投资等机构负责融资相关部门的联系方式，对应的投资要求也有具体的介绍，便于有需要的企业或高校获取相关的融资渠道信息。此外，市场金融投资信息库的信息还应不断更新，完善科技创新项目进度情况、投融资损益情况、主体信用记录等事中与事后信息，为科技创新主体与市场金融主体提供一站式、全方位的信息服务。

5. 加快完善融资评估机制与担保体系建设

鉴于现阶段科技金融供需双方存在信息不对称的实际问题，应建立有效的科技评估机制，实现供需双方信息的有效对接。首先，应该建立辽宁省级层面的科技咨询和评估机构，在具体运行过程中，应将无形资产评估和科技成果鉴定等不同评价方式有机结合，在此基础上对科技成果的经济价值与技术水平做全面、公正的判断。合理减少评估费及各项工作费用，降低企业融资成本。其次，为了降低银行科技贷款业务的风险，有条件的市、国家高新区应设立不以盈利为目的、专门的科技担保公司。已设立的担保公司可通过补充资本金、担保补贴等方式进一步提高担保能力，推动科技型企业贷款风险多方分担机制。可以考虑把保险公司、担保机构、评估机构等都纳入到科技融资体系中，形成以知识产权作质押、第三方作评估、保险公司来担保的科技贷款新模式。

第七章　辽宁省属科研院所改革与发展

科研院所是一个国家科技、经济和社会发展的重要力量，也是国家与区域创新系统的主要组成部分。科研院所是一类重要的科技创新活动主体，各类科研院所集聚了大量科研人才、科技成果，承担着国家主要的科技创新和技术研发工作。我国共有国家和地方各级科研院所 2800 多家，院所内科技人员总数近 30 万人，不断推进科研院所的科技创新能力提升，对国家与地方实施自主创新战略具有重要意义。

一、科研院所的概念与特点

（一）科研院所的概念

从理论的角度看，科研院所（研究与开发机构）是指扣除上述转为企业的科研机构以及进入高等学校的科研机构后，剩余的各政府部门直属的独立经济核算的研究所和直属研究院下属的研究所。早在 20 世纪 30 年代，我国的科研机构体制就已初步形成，无论是从创办主体还是从学科门类看都较为齐全，既有政府科研机构，也有大学研究所和工业企业研究机构；既有纯粹的理论科学研究机构，也有与应用密切相关的技术学科研究机构。但是这时的科研机构总体科研实力还比较薄弱。1949 年新中国成立后，建立了中国科学院，开始了对科研机构的接管与调整工作，至 1959 年，新中国科学技术体制的框架基本建立，为 70 年代至 90 年代科研机构规模迅猛发展奠定了基础。随着政府职能的转变、经济体制改革与科技体制改革的推进，科研机构的分类改革稳步开展。科研机构的分类改革对科研机构进行了比较明确的分类和界定。

1986 年，国家科委颁布《关于科研单位分类的暂行规定》，将各类科研单位（即研究与开发机构，是指各部口直属的独立经济核算的研究所和直属的研究院下属的研究所）分为四种类型：技术开发类型，基础研究类型，多种类型，社会公益事业、技术基础、农业科学研究类型。"社会公益事业、技术基础、农业科学研究类型"在国务院和科技部之后颁布的文献或公告中，基本上将其简称为"社会公益类"或"社会公益性"科研机构。

2000 年，国家科技部颁布了《关于深化科研机构管理体制改革的实施意见》，提出对不同类型、分属不同部门的科研机构实行分类改革：技术开发类科研机构要转为企业或进入企业实现企业化转制，与原部门脱钩；为国家经济和社会发展提供重大基础性或共性技术服务、无法得到相应经济回报的个别技术开发类科研机构，通过调整结构、优化组合可以按事业单位管理。社会公益类科研机构中以提供公益性服务为主的科研机构和公益类研究和应用开发并存的科研机构，有面向市场能力的要向企业化转制；主要从事应用基础研究或提供公共服务、无法得到相应经济回报确需国家支持的科研机构，仍作为事业单位，按非营利性机构运行和管理。财政部文化部等部口所属以社会科学领域研究为主的科研机构按国家事业单位改革部署进行改革，中科院所属科研机构按照该实施意见基本原则进行改革，并鼓励科研机构进入高等学校或开展多种形式的合作。《关于深化科研机构管理体制改革的实施意见》取消了"基础研究类科研机构"类别，将其并入"社会公益类科研机构"中，自此，"社会公益类科研机构"包括社会公益性技术服务机构、社会公益性科研机构与基础研究类机构，技术开发类与社会公益类成为科研机构的基本分类。

（二）科研院所的特点

随着科技管理体制的不断完善，科研院所作为我国科技大军中的重要成员，其性质与职能都得到了有效的规范，自身属性与特点也不断凸显，具体来说科研院所呈现出以下特点。

（1）与政府关系密切。科研院所通常是依照国家的科技、社会、经济和国防等政策目标，由政府利用财政资源创建。其职能与所属的政府部门职能相对应，担负着支撑政府履行其公共职能的科研工作，向社会提供公共科研服务和科技型公共产品或准公共产品。科研院所接受政府部门直接或间接管理，运营费用也主要由公共财政支出保障，因此，其组织运作受政府提供资金的多寡、行政规制和管理程序等影响较为深远。

（2）公益性和非营利性。与为了获取利润以谋求自身组织发展壮大的企业性质有很大的不同，科研院所的设立不以赢利为目的，而是为了实现社会或一定范围内的公众利益。科研院所从事的是有关社会公益性技术服务、社会公益性科研和基础类研究活动，承担的大部分是市场机制失灵领域的重大科研任务和政府的部分社会经济或文化功能，负责为国家经济和社会发展提供重大基础性或共性技术服务和科技型公共产品或准公共产品，并通过政府最大限度地实现其科研成果的公共性和广泛的社会服务性特征。目的是服务社会、服务全局、满足国家利益需要，从根本上保障社会利益和公众福祉。因此，科研院所的宗旨是公益性和非营利性。

（3）科研成果的公共性和高外溢性。科研院所提供的是公共物品或准公共物品，主要包括提供给整个社会不特定多数成员，受益者是社会大众的环境和国防安全等科学研究成果。以及专门提供给社会部分特定成员的公共物品，如对某一产业、行业或区域发展的共性技术的研究与开发成果。科研院所集中科研资源重点攻关，取得科研成果后，通过政府购买等方式在社会或行业组织间迅速扩散，实现科研成果的公共性和广泛社会服务性特征。另外科研院所的科研成果大多是知识性产品，是技术创新的源头，也因此决定了科研成果在应用和扩散过程中具有较强的溢出效应和较大的正外部性，带来的经济和社会效益难以准确衡量。

（4）存在的关键性和价值性。科研院所的存在和发展对国家、社会、经济、环境等各方面都有关键性作用和独特的价值性。科研院所本质上是一种促进科学技术发展的社会建制，不断进行揭示科学奥秘、掌握事物发展规律、探索更深层次科学技术领域的研究活动，是能够为经济社会提供一定的技术开发支持和维护社会稳定公平运行的一个制度网点，它是知识创新的源头、市场的根基和政府职能的延伸。科研院所从事的核心业务即科研活动关系到整个经济社会的稳定持续运转，尽管在短期内可能无法获得相应的经济回报，但从长期来看，将会为国家和社会带来巨大的经济效益、社会效益以及生态效益，科研院所的存在和发展对国家和社会的可持续发展有着不可替代的重要作用。

（5）资源投入的长期性和风险性。科研院所因其设立宗旨为公益性、核心业务关系到国家战略利益问题，主要从事的科研任务均具有基础性、关键性、连续性、大规模性、长期性和科研成果产出的不确定性，决定了科研院所各种资源投入的高风险性。但是高风险在一定程度上意味着高回报，一项关键性研究一旦有所突破，将能为国家社会带来巨大的效益。同时为了弥补市场失灵及实现国家的技术战略意图，科研院所的运营费用、资源投入等需要政府给予财政等政策支持，以便有效抵御各种风险，保证具有战略性价值的科研项目能够顺利实施完成。

（三） 科研院所创新能力内涵与构成要素

1. 科研院所科技创新能力的内涵

科研院所的科技创新能力是科研院所在科技创新活动中表现出来的一种综合能力，它实现了科技创新资源向科技创新能力的转变，是科技创新活动、产出等多种能力要素的组合，是一种系统能力。具体可从资源角度、能力角度和系统角度对科研院所科技创新能力进行诠释。

（1） 从资源角度来看，科研院所科技创新能力是实现由资源向能力转变的能力。科研院所科技创新能力的本质是将人力、财力、物力等科技资源进行优化配置、集成利用，实现由资源向能力的转变。其中，人是科技创新的主体，人力资源是科研院所科技创新的核心；财力资源是科技创新的推动力，支撑科技创新资源投入；科技平台、试验基地等是科技创新的基础支撑，保障科技创新活动的正常开展。

（2） 从能力角度来看，科研院所科技创新能力是各种能力要素的组合。科研院所在一定科研条件支撑的基础上，经过策划、设计和选题，配置相关资源，开展科研活动，产出科研成果，创新制度文化等，这一系列活动与过程中体现出的各种能力都是科研院所科技创新能力的构成要素，各种能力要素共同组合成科研院所科技创新能力。

（3） 从系统角度来看，科研院所科技创新能力是一种系统能力。作为一个组织机构，科研院所包含管理、科研、服务等子系统；在开展科学技术活动的过程中，科研院所包含基础支撑、科技资源、科研活动、成果产出等子系统；同时科研院所又是外部大系统中的一个子系统，比如科研院所是国家创新系统中的一个子系统，受外部环境的影响，与高等院校、企业等其他科技创新子系统相互作用、相互影响。因此，科研院所科技创新能力是一种复杂的系统能力，是内部各系统相互作用和外部环境相互影响的结果，表现为对内部各子系统的协调集成能力以及对外部其他系统的协调适应能力。

2. 科研院所创新能力的构成要素

目前，科研院所创新能力构成要素与表征要素的认识分歧也还比较大，综合分析现有的研究，科研院所创新能力的构成要素主要包含6个方面。

（1） 创新基础实力：指科研院所积聚的可用于创新活动的潜力，主要是指科研院所的人才力量、经济实力、实验条件等与创新活动投入相关的人、财、物实力。

（2）决策管理能力：指科研院所对研究开发活动与成果转化活动的科学决策与科学管理能力，它不单指管理层的能力，而应是管理层、课题组、科技活动人员的互动能力。决策管理能力的关键是开展创新决策的能力，它包括信息获取能力、需求识别能力、对政府发展战略的理解能力、创新环境资源整合能力等多方面。各方面能力作用的最终结果体现于提出创新项目与争取政府、企业决策的水平，隐含在开展创新项目的数量与效率中。决策管理能力本身难以进行合理的量化。

（3）创新投入能力：创新投入能力是指实际投入的能力，包括研发活动人才、经费、物资等方面的投入能力，主要是创新活动人才和经费的投入能力，包括人才的投入量与素质、经费的投入量与结构等。

（4）科研活动能力：指科研院所能够承载的创新活动数量与活动效率情况，主要指承担科研活动数量水平、科研活动效率（进展与完成）水平等方面。这些数量与效率指标中隐含了科研活动中的人力调配使用、组织研究合作、实验活动、试验材料选择、项目经费合理使用、项目进度掌控等方面活动的能力。

（5）成果产出能力：指研发活动的成果产出能力，包括知识产权、论文著作、新产品、新材料、新工艺、新装置等科技成果和科研活动产生的新增产值、新增利税、生产力提高、环境改善等社会经济成果。

（6）成果转化扩散能力：转化扩散能力是创新产出能力的另一种表现，是使科研活动产出能力进一步扩大的能力，它包括研发成果推向企业实现转化应用、推向市场实现技术扩散等的能力。

二、科研院所管理体制改革的历程

科研院所作为知识密集、人才密集、技术密集的科研创新实体，从诞生之日起就肩负着发展科学技术，提高人民物质文化生活水平，提升我国在国际产业垂直分工体系中的地位的历史重任。我国的科研院所管理体系一直是独有的，科研院所通过技术进步与技术创新推动经济体制不断改革，同时关于科研院所的宏观管理体制变革又是国民经济发展的直接结果。

（一）国家层面改革历程

在计划经济时期，我国产研分离的管理体制有利于迅速集中人力、物力搞攻关，科研资源、科研成果全社会共享，也在短时间内培养和造就了大批科研人才。随着改革开放的不断深入，市场机制在我国逐步发展和完善起来，继续实行产研分离，条块划分，通过行政和计划手段使科研院所和特定的企业、行业进行产研合作来促进科研成果转化、实现技术进步，已经不能适应市场经济发展的需要。因此，党和国家不断根据国民经济发展的需要对科研院所管理体制进行改革。改革开放以来，我国科研院所管理体制改革已经经历了三个阶段。

1. 科研院所管理体制变革的探索阶段

1985 年 3 月，中共中央做出了《关于科学技术体制改革的决定》，这标志着我国科研院所宏观管理体制改革在全国范围内有组织、有领导地展开。从 1985 年到 1992 年，国家重点改革科研经费的管理制度，对不同类型和特点的科研院所实行分类管理；同时大力发展技术市场，推行技术成果商品化。这些措施有利于克服单纯依靠行政手段管理科研创新工作的弊端。经济杠杆和市场调节手段的运用使得我国科研院所焕发新的生机。

这一阶段，我国科研院所改革主要有两个特点。

（1）科研经费由全额拨款改为差额拨款，结束了科研院所衣来伸手、饭来张口的历史。这项工作的成绩非常显著：一方面迫使科研院所开始主动谋生，加速了科研院所的优胜劣汰；另一方面大量的科研人员开始"下海"，提高了乡镇企业、民营企业的技术水平。

（2）为加快科研成果的转化，国家鼓励各级政府和社会各界组成各种形式的技术交流、交易活动和场所，使科研成果转化由国家统筹、计划使用转为市场交易，通过市场化来提高科研成果的转化率。这项工作的收效甚微。这主要是由于三个方面的原因造成的：一是这一时期我国乡镇企业快速发展，国有大中型企业陷入困境。乡镇企业在发展的初期主要是依靠吸收农村低廉的剩余劳动力，从事的主要是技术水平较低的加工行业，而此时国有企业因为传统体制的约束和资金短缺，技术改造投入较少。因此，全社会对技术的需求并不大。二是作为主要供给方的科研院所一直重视基础研究，应用型的技术成果也很少进入样品或终试阶段，大量的科研成果是隐性知识，没有转化成为显性知识，不能通过转让实现转化。三是我国科研院所仍然保持着条块划分，科研院

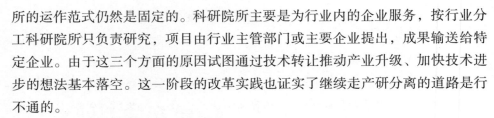

所的运作范式仍然是固定的。科研院所主要是为行业内的企业服务，按行业分工科研院所只负责研究，项目由行业主管部门或主要企业提出，成果输送给特定企业。由于这三个方面的原因试图通过技术转让推动产业升级、加快技术进步的想法基本落空。这一阶段的改革实践也证实了继续走产研分离的道路是行不通的。

2. 科研院所管理体制变革的推进

1993—1998 年，在改革开放向深层次发展，国民经济管理由计划机制快速向市场机制转变的背景下，我国科研院所也从单纯科研型、封闭状态，向科研生产经营一体化的技术经济实体发展。从科研院所内部而言，这种转变主要表现在科研成果转化机制和人才分流上。所长负责制、承包经营责任制、经济核算制度等一系列新的管理制度，扩大了科研院所的自主权，科研院所创办一大批从事高科技产品生产经营的经济实体；同时，科研院所内部平均主义，吃"大锅饭"的分配机制也出现了很大松动，科研人员的收入开始与成果和效益挂钩，科技人员的积极性和创新精神被调动起来。这种把员工的切身利益与自身贡献和科研机构的发展密切联系起来的机制，增强了科研院所按照市场经济规律的意识。

1993—1998 年，我国科研院所内外部体制变革都明显加快，其原因主要是：一是经过一段时间的重复建设以后，我国经济出现了相对过剩的局面，产业结构失调成为经济发展的主要障碍。市场竞争的加剧使企业更重视提高产品技术含量，更加重视采用新技术、新工艺降低成本。比如，1998 年前后，长虹、康佳等家电企业都以"高科技家电"为宣传主题。外国高新技术产品拥入和东南亚金融危机使全社会更加关注自主创新和技术进步的主要载体——科研院所的改革和发展。二是 20 世纪 90 年代，世界范围内的信息技术、通信技术、计算机技术和生物工程技术进步加快，国外技术流入迅速增加。国外技术进入我国主要有两条途径：一条是外商投资企业增加；另一条是国有企业从国外引进大量技术先进的生产线。国外技术的流入对国内科研院所形成很大的冲击，但是也加快了科研院所的技术进步。这一段时期，我国科研院所出现了深刻的变化，表现为：

（1）国家科研投入大大增加，而且科研经费进一步向科研院所和科研项目本身集中，中央直属和省部级直属科研院所的科研创新能力、科研装备水平得到极大的提高。比如，武汉邮科院 1995—1998 年获得的国家科研经费每年都为 3000 万～5000 万元，一年的科研投入相当于过去 10～20 年的总投入。

（2）国家更加强调科研要直接服务于国民经济发展，加强了科研规划和成果验收，科研课题以应用型为主，并且要求科研成果产生最终产品，这使得承担课题的科研院所在加强技术研究的同时，不得不同时进行生产工艺研究，以及产品测试技术研究。

（3）在内有成熟的产品生产技术和科研经费筹集压力，外有产品和产业升级换代需求、进口技术冲击的情况下，一部分科研院所开始大胆进行产业化的尝试。

3. 科研院所管理体制变革的深入发展

经过十多年的摸索和积累，特别是科研院所在科研成果转化和产业化方面的成功经验，使人们更进一步认清产研分离、条块划分的弊端，科研院所的改革方向渐渐明晰，全社会都深刻意识到科研院所向产业化方向发展，转型成为高科技企业已经成为势所必然。政府也对科研院所的产业化由鼓励转为坚决推进。因此，国务院在进行机构改革的同时对科研院所的管理体系进行了大幅度的改革，直接将科研院所推向市场。

1999 年 8 月，党中央、国务院及时提出了我国科技体制改革的新思路，召开全国技术创新大会，做出了《关于加强技术创新，发展高科技，实现产业化的决定》。经国务院批准，国家经贸委管理的 10 个国家局所属科研机构进行了企业化转制试点，共有 242 个科研机构选择不同方式进行企业化改制，其中131 个科研院所进入企业（集团）；40 个院所转为科技型企业，实行属地化管理；18 个科研院所保留事业单位性质，转制为中介机构，24 个科研院所并入学校，划转其他部门或撤并；12 个（涉及 29 个科研院所）转入中央直属大型科技企业。在此试点基础上，国务院办公厅又于 2000 年以国办发〔2000〕38号文，转发科技部等部门关于深化科研机构管理体制改革实施意见的通知，由此拉开了继 80 年代中国科技体制改革以来更深层次的科技改革序幕。中国的科研院所又面临着一次新的改革机遇和严峻的挑战。

1999 年颁布的中共中央、国务院《关于加强技术创新，发展高科技，实现产业化的决定》，提出了以科技成果工程化、产业化，运行机制企业化，发展方向市场化为指导思想，建立以市场为导向，加速科研成果转化的企业化运行机制。通过国家引导性资金的使用，吸引社会资金，集中投资，将具有市场价值的重大科技成果进行后续的工程化研究，将单项科技成果进行系统集成，使成熟的、成套的工业生产技术和设备产品源源不断地转移到经济建设主战场。为了进一步贯彻落实中共中央的精神，科技部等四部委于 2000 年发布

《国务院办公厅转发科技部等部门关于深化科研机构管理体制改革实施意见的通知》（国办发〔2000〕38 号）376 家科研院所按照要求进行了企业化转制。自 1999 年以来的改革，结束了我国产研分离、科研院所条块划分的管理体制，我国科研院所改革进入了更深层次的内部结构调整阶段。

（二）省级层面改革发展历程

辽宁科研院所是新中国成立以来仿照前苏联模式逐步建立起来的。1959—1978 年是科研院所建立的高潮期。随着我国科技事业的建设发展，以及国家科技体制改革的启动进行，发展历程大致可分为以下三大阶段。

1. 第一阶段：1985 年之前

辽宁科研院所的发展始于 1906 年，至 1949 年新中国成立时，辽宁科研院所的发展经历了清末、中华民国和东北沦陷等重要历史时期。新中国成立前，辽宁只有熊岳农业试验场、抚顺石油化工研究所、辽西农业试验站等少数几个自然科学研究单位。从总体上看，辽宁科技院所的科研基础薄弱，科技人员缺乏，科技投入资源短缺。

新中国成立后，配合苏联援建我国的在辽 24 项重点项目，国家层面通过动员和抽调科技人员来辽宁参加建设，以及出台全国第一个科技发展规划推动等一系列向科技进军的措施，使得辽宁科研院所获得快速发展。到 1957 年国民经济建设第一个五年计划完成时，辽宁地区的科学研究机构不断发展壮大，数量大幅增加。围绕全国科技发展规划，国家在辽宁布局了中科院五所，辽宁成立了原子能、电子技术、精密机械与仪器、物理、化学、机械、水利、数学、力学、海洋、科技情报等研究所。但是"文化大革命"使科学技术事业遭到了严重的破坏，科研院所数量出现大幅度减少。粉碎"四人帮"以后，国家科学技术事业得到了较快的恢复和发展，辽宁科研院所数量迅速增加。到 1985 年末，辽宁地区共有理、工、农、医领域科学研究开发机构 701 个。其中，省属科研院所 66 家，占机构总数 21%。省属科研院所中属于技术开发性的科研院所 25 个，社会公益型科研院所 17 个，农业类型科研院所 22 个，其他 2 个。省属科研院所工作人员达到 10738 人，其中科技人员 7159 人。从地区分布上看，辽宁科研院所的分布比较广泛，其中沈阳 47 家，大连市 13 家，朝阳、辽阳、营口各 3 家，阜新、丹东、盘锦 2 家、本溪 1 家。

2. 第二阶段：1985—1998 年

1985 年开始，我国对科研院所进行了以减拨事业费为主要内容的改革，意图促使科研院所和科研人员走向市场。1985 年，为贯彻国家战略，中共辽宁省委、省政府颁布实施了《关于贯彻〈中共中央关于科学技术体制改革的决定〉的若干规定》，对辽宁省科技体制改革做出了具体部署。原辽宁省科委根据相关政策，划转了科研机构的事业费并对划转的科研院所进行分类，实行分类管理。辽宁省级层面共划转 37 个部门的 82 个单位，职工总数 10114 人，事业经费 3325 万元。1988 年，辽宁省在省属科研院所中普遍引入竞争机制，推行各种形式的科研承包经营责任制。1993 年，辽宁省政府颁布实施了《辽宁省全民所有制技术开发型科研机构技术经济承包责任制实施细则》，有 12 家省属技术开发型科研院所分别与主管部门签订了为期 3 年的技术经济承包合同。

1996 年，国务院发布了《关于"九五"期间深化科学技术体制改革的决定》（以下简称《决定》），科研院所改革进入到"稳住一头，放开一片，调整结构，分流人才"的新阶段。为落实《决定》精神，辽宁省政府批转了省科委等联合制定的《关于省属科研机构调整结构、分流人才、深化改革的实施方案》，在省属科研院所中进行了重点研究室的评审工作。同时，还进行了产权制度和企业化管理改革的试点，为科研院所向企业转制打下了良好的基础。

3. 第三阶段：1999 年至今

1999 年以来，在国家的总体部署下，结合 2003 年国家全面振兴东北老工业基地战略的实施，辽宁全面启动科技体制改革。2000 年，辽宁省召开全省科研院所改革工作会议，对全省技术开发型科技院所转制工作做了部署。成立了以主管科技工作的副省长为组长，科技、人事等 13 个相关政府机构组成的科研机构改革转制协调小组，统一负责辽宁省科研院所转制有关政策的制定、转制方案的审批工作。先后制定出台了《省政府办公厅转发省科研机构改革协调小组关于省属技术开发型科研机构转变管理体制若干意见的通知》（辽政办发〔2000〕66 号）、《关于省属技术开发型科研机构转制实施中若干问题的补充规定》（辽科发〔2001〕83 号）等转制政策和具体操作程序。2004 年，辽宁省科研机构改革转制协调小组批准了省级层面技术开发型科研机构转制方案（见表 7－1），辽宁省属技术开发型科研院所（中心）共有 20 家参与改革转制，2004 年底辽宁省属开发类科研院所（中心）的转制工作基本完成。经过近 20 年的探索和成功实践，辽宁科研院所的创新能力不断提升，在产学研合作支撑和引领辽宁经济社会发展方面的作用不断增强。

表 7 – 1 　　　　　　　　　辽宁省属技术开发型科研机构转制方案

主管部门	科研机构名称	转制方案
省经贸委	省造纸研究所	转为科技型企业
	省硅酸盐研究所	转制为有限责任公司
	省轻工机械设计研究所	转为科技型企业
	省食品工业研究所	转制为中介机构（企业）
	纺织工业非织造布技术开发中心	转制为股份合作制企业
	省化工研究院	进入中国蓝星化学清洗兴公司
	省建筑材料科学研究所	撤销后转为建材检测中心
	省农牧业机械研究院	转制为股份合作制企业
	省机械研究院	转为股份有限公司
	省日用电器研究所	转为科技型企业
	省节能技术研究所	转为技术服务性国有企业
省信息产业厅	省电子研究设计院	转制为股份合作制企业
省建设厅	省建设科学研究院	转制为股份合作制企业
省新闻出版局	省印刷技术研究院	转制为股份有限公司
省商业局	省食品制冷研究设计院	转制为有限责任公司
省供销合作社	省果品科学技术研究所	转制为股份合作制企业
省药品监督管理局	省中药研究所	转制为有限责任公司
	省医疗器械研究所	转制为股份有限公司
省科学技术厅	省能源研究所	转制为有限责任公司
省交通厅	省交通科学研究所	转为科技型企业

资料来源：《辽宁省科学技术志》1986—2005，沈阳：辽宁科学技术出版社。

◤◢◤ 三、辽宁科研院所发展评价与能力提升

（一）辽宁科研院所发展概况

1. 区域与行业分布

截至 2014 年，辽宁拥有省属科研院所 47 家，其中自然科学研究与技术开发机构 39 家，社会与人文科学研究与技术开发机构 5 家，科学技术信息与文献机构 3 家。辽宁省属科研院所分布于 8 个地区。沈阳市拥有的院所数量最

多，达31家，占总数的65.96%；大连市、朝阳市和辽阳市各有3家；阜新市、丹东市和盘锦市各有2家；营口市有1家。

辽宁科研院所聚集于第二产业，从产业领域角度上看，基本覆盖了我国产业系统的主要类别和行业，在辽宁经济发展、区域创新系统建设和行业共性技术进步中发挥了极为重要的作用，是辽宁省科技创新驱动发展的重要力量。辽宁省属47家科研院所中，20家服务于农、林、牧、渔业，占总数的42.55%；8家服务于科学研究与技术服务，占17.02%；4家服务于制造业，占8.51%；4家服务于卫生和社会工作，占8.51%；4家服务于公共管理和社会保障，占8.51%；另外7家分别服务于其他不同行业（见表7-2）。辽宁科研院所聚集于第二产业，从产业领域角度上看，基本覆盖了我国产业系统的主要类别和行业，主要集中在装备制造和重化工业，在辽宁经济发展、区域创新体系建设和行业共性技术进步中发挥了极为重要的作用，是辽宁省科技创新驱动发展的重要力量。

表7-2　　　　　辽宁省属科研院所所属国民经济行业领域

所属国民经济行业领域	数量
农林牧渔业	20
科学研究和技术服务业	8
制造业	4
卫生和社会工作	4
公共管理和社会保障	4
水利、环境和公共设施管理业	2
文化、体育和娱乐业	2
教育业	2
建筑业	1

2. 创新投入与产出能力

（1）创新总体情况。2012年，辽宁省属自然科学研究与技术开发院所为39家，虽然辽宁省属自然科学研究与技术开发院所的总体数量有所减少，但是有研发活动的院所数量却逐年递增，占比稳步提升。有研发活动的院所由2006年的22家，增加到2012年的29家，占比由2006年的50%，提高到2012年的74.36%（见表7-3）。

表7－3　　　　2006—2017年辽宁省属科研院所创新总体情况

年份	2006	2007	2008	2009	2010	2011	2012
科研院所总数/家	44	41	40	40	39	39	39
有研发活动科研院所/家	22	22	26	25	25	29	29
所占比重/%	50.00	53.66	65.00	62.50	64.10	74.36	74.36

（2）创新资金投入。持续稳定的资金投入对于科研院所的改革发展及其创新能力提升发挥着至关重要的作用。改制后辽宁省属科研院所的创新资金呈现四大特点：一是 R & D 总量快速增长。2012 年，省属科研院所 R & D 经费内部支出总量达到 3.65 亿元，比 2006 年增长 300.21%，年均增长 26%。二是 R & D 经费内部支出以试验发展为主。2012 年，基础研究、应用研究和试验发展经费分别占 1.06%、6.88%和 92.58%（见表 7－4）。虽然近年来基础研究经费和应用研究经费占比有所提高，但科研院所的 R & D 经费支出仍以试验为主。三是 R & D 主要来源于政府投入。2012 年，R & D 经费内部支出中，政府资金占 99.76%，企业资金、国外资金和其他来源渠道资金占比很低。近年来国外资金的出现，省属科研院所已开展了国际合作，但是仍然对政府资金依赖性依然最高。四是创新活动主要在机构内部进行。2012 年之前，辽宁 47 家省属科研院所没有 R & D 经费外部支出，2012 年 R & D 经费外部支出也仅为 0.19 亿元，占 R & D 经费支出总额的比例仅为 5.08%，表明辽宁省属科研院所与高校、企业联合开展研发活动较少，仍以内部为主（见表 7－5、表 7－6）。

表7－4　　　　　辽宁省属科研院所 R & D 经费内部支出情况

年份	经费内部支出/千元	基础研究比重/%	应用研究比重/%	试验开发比重/%
2006	91246	0.18	6.84	92.98
2007	105355	0.00	2.52	97.48
2008	149999	0.24	13.53	86.23
2009	172543	0.17	5.63	94.20
2010	215596	0.03	5.44	94.54
2011	347845	0.28	6.87	92.85
2012	365176	1.06	6.88	92.58

表7-5　　　辽宁省属科研院所 R & D 经费内部支出资金来源情况

年份	经费内部支出/千元	政府资金比重/%	企业资金比重/%	国外资金比重/%
2006	91246	92.84	0	0
2007	105355	98.70	0.81	0
2008	149999	90.00	4.00	0
2009	172543	98.85	0.06	0
2010	215596	99.59	0	0
2011	347845	99.52	0	0.48
2012	365176	99.76	0	0.23

表7-6　　　　　辽宁省属科研院所 R & D 经费外部支出情况

年份	经费外部支出/千元	对境内科研机构支出占比/%	对境内高等院校支出占比/%	对境内企业支出占比/%	R & D 经费外部支出占内部支出比例/%
2012	18545	94.82	1.93	3.26	5.08

（3）创新人才资源。人才是科研院所创新发展的第一资源。虽然近年来辽宁省属科研院所科技活动人员人数逐渐减少，2012 年科技活动人员为 2987人，比 2006 年减少 8.88%，但是研发活动人员数量呈上升趋势。2012 年，研发活动人员为 1866 人，比 2006 年增加 36.20%，占科技活动人员的比重高达62.47%。R & D 活动人员折合全时当量为 1634 人，比 2006 年增加 39.06%。其中，投入到试验发展的人力资源较多。2012 年，R & D 人员折合全时当量中，基础研究和应用研究分别占 0.73% 和 10.34%，而试验发展占比高达88.92%，占有绝对优势。

（4）创新产出能力。近年来，省属科研院所承担的研发课题占课题总数的比例快速增长，研发活动大幅增加。2012 年，承担的课题数量 431 个，其中研发课题 289 个，占课题总数 67.05%。课题主要来源于地方政府。从近年来省属科研院所承担的研发课题来源来看，国家课题的数量明显增多，但是地方政府部门下达的课题数仍然占较大比例。在此基础上，辽宁省属科研院所的创新产出成果显著增加。2012 年，省属科研院所发表科技论文 1027 篇，其中向国外发表 56 篇；专利申请量为 72 件，有效发明专利达到 131 件，分别为2006 年的 2.40 倍和 4.37 倍；形成国家或行业标准数 31 件。

（二）存在的主要问题及制约因素

1. 存在的主要问题

辽宁开发类科研院所聚集了比较丰富的创新资源，是区域创新驱动发展的重要力量。但由于体制、政策以及内部因素的影响，辽宁开发类科研院所在改革发展过程中还存在诸多问题，限制了科研院所创新能力的提升和在区域创新系统中的作用发挥。

（1）转制科研院所身份不明晰延缓改革进程。从对参与转制的 20 家省级开发类科研院所调查来看，辽宁开发类科研院所转制工作虽已起步多年，但由于行政审批手续繁杂、周期长，缺乏配套政策，套用国有企业改革政策很难适应于企业化转制科研院所情况，存在着体制不顺，"事业不事业，企业不企业"的现象。所有转制院所一不是事业单位，二不是企业单位，成为游离于社会的一个特殊群体。原来针对科研院所的优惠政策，已经无法享受，而以科研院所作为经济市场主体又没有被广泛认可，运用国有企业的管理方式，但不享受任何企业政策，不能与企业享受平等待遇。这些都严重影响了转制院所正常的生产经营和科研工作，在一定程度上延缓了技术开发类院所的转制工作进程。

（2）科技投入不足导致发展缺乏后劲。总体来看，辽宁开发类科研院所普遍存在科研试验设备、基础设施陈旧老化，科研设施的配套能力不足的现象，已不能满足现代科技研究的需要。财政资金对院所科技开发的投入也相对不足。许多科研院所的科研生产装置都是 20 世纪 80 年代采购建设的，当时主要是为研究项目进行小试和中间试验，本身不具备规模生产，目前设备已经陈旧，满足不了转企改革后规模化生产的需要。而辽宁科研院所成果转化率低，科研机构利润回报少，影响了院所效益和发展资金的积累。没有能力在科研上进行投资改变这种状况。

另一方面，近年来科研政策的变化，由过去支持科研单位转到支持大企业和民营企业，由支持应用研究转到支持产业化项目，导致以应用研究为主的开发类科研院所在发展之中遇到更大的困难，此外，在改革过程中，科研院所增加缴纳的养老保险、医疗保险、失业保险金及各种企业才缴纳的税金，以及科技贷款很难到位等，由于原有的基础条件差、积累少，这些新增加的费用给转制院所带来沉重的负担，也严重影响院所的生存和发展。

（3）人才断层与流失严重制约发展。科研单位的改革是"减量改革"，越改风险越大。近年来，由于改制前后退休人员待遇差距巨大，使得一批科技人员提前退休，导致部分科研机构出现科技人员的年龄结构和专业结构不够合理，人才断层、人才短缺等问题，特别是高层次人才不足。受制于现有省级科研院所经济状况普遍不好，转制科研院所虽有强烈的人才需求，但很难引进急需的专业技术人才充实到科技队伍中去。

与此同时，由于高校、未改制院所、大企业的人才竞争，部分转制院所出现比较严重的人才流失问题。不少技术骨干流向收入、岗位相对比较稳定的大专院校，对改制院所人才队伍稳定形成压力。部分院所在技术、产品、市场、行业等一系列战略定位上过于宽泛或模糊，制约了核心能力的培养，使原有科研储备、科研人才等优势逐渐下降。部分院所处于低层次、小规模的发展状态，缺少可以规模化的核心产品，发展速度缓慢，生存困难。

2. 制约因素分析

（1）多数科研院所不具备足够的市场风险承受能力。转制后科研院所自身不具有很强的经济实力和市场承受能力，很难独自承担创新和产业化带来的种种风险，这大大限制和影响了院所自主创新能力的提升。抽样调查的结果显示，70%以上的科研院所认为市场需求是创新的主要动力，但是实际的情况是，转制科研院所在应对市场风险方面准备还不够充分，许多科研院所在调研过程中都反映院所的优势是科学研究和技术开发，在市场、管理等经营方面并没有足够优势，因此科研院所去搞产业化存在一定风险性。

（2）旧的科研模式阻碍了转制科研院所向市场的靠拢。转制后绝大多数的科研院所没有完成从传统意义上的院所向市场的靠拢，仍按照过去的科研模式从事基础性研究，忽视了市场的需求和应用性研究的重要性，影响了院所自主创新能力的提升。许多科研院所转制后并未寻找到合适自己的市场发展空间，每年资金来源仍然靠国家拨款和课题经费，R & D 投入来源具有不确定性，直接影响其长远的战略发展。

此外，调查还发现，很多科研院所在转制后缺少高素质的研发人才，同时，由于科研院所改制为企业后，人员待遇、管理机制等都要与市场接轨，但是由于一直以来遗留的管理体制不可能在短时间内得到改变，导致很多高素质研发人才流失。如何留住关键人才，并不断吸引新的人才加入，是当前转制后科研院所面临的重要问题，也是影响转制科研院所自主创新能力的关键因素。

（3）过分强调短期收益，导致转制科研院所创新短视。转制后科研院所由于历史原因负担沉重，为了生存往往过分强调创收等短期效益，院所的前瞻性、全局性、宏观性等方面都有所降低，自主创新能力也随之降低。许多科研院所改制为企业后，为了解决职工的收入和福利问题，为了能够吸引人才，将企业的利润水平上升列为第一目标，因此转制院所更多地倾向于多上"短平快"的项目，而那些对长期发展有益，但是开发周期长、风险大的项目都被排在靠后的位置。

（三）促进科研院所发展与能力提升的对策

面对日益变化的国际国内形势，辽宁科研院所的创新发展仍然面临着巨大的内外部挑战，需要通过深化改革和一系列新的政策供给，推动转制院所进一步增强自我发展和自主创新能力，促进辽宁企业化转制科研院所持续健康发展。

1. 继续引导、鼓励转制科研院所深化改革

继续积极稳妥地推进技术开发型科研单位的改制工作，积极创造条件，研究解决改制中遇到的困难和问题。根据科研院所改革发展过程中暴露出的新问题和实际困难，有针对性地制定政策和措施来推动科研机构的改制工作。妥善解决如事业单位的事业费问题、职工身份置换问题、人员分流政策问题、在职职工相关待遇问题以及妥善处理改制离退休人员的待遇保障问题等。明确事业编制人员界限，明确界限前后的各项政策，以便各类科研院所有章可循，便于操作。

2. 进一步明晰不同类型科研院所的发展定位

历史和现实表明，科研院所通过科研开发与技术扩散对经济发展和社会进步的贡献，远远超过作为一个企业所创造的价值。要认识到以技术创新服务于社会的转制院所核心在于"研"，要让那些已转制为企业，而创新活力尚存、服务于行业功能犹在的转制院所充分发挥产业技术支撑的作用，不再为维持生存而去做他们本不该做，且又做不好的事情。要给予转制院所必要的财政扶持，促进他们"返璞归真"，走创新发展之路。大型仪器设备和基本设施的经费投入，也应将转制院所纳为对象，以提升其创新能力，使其更好地为产业发展服务。要优先支持转制院所申报的省市重大技术攻关项目、产业化项目，使其在获得经费资助的同时，实现培养人才、壮大队伍的目的。要引导和鼓励转制院所入驻特色产业基地，积极参与产业技术创新联盟的构建，成为产业集群、产业基地发展壮大不可或缺的一支支撑力量；要推动转制院所积极投身研发产业，致力于产业关键技术研发及其成果的转移扩散，为支撑产业技术升级

和经济转型，促进辽宁经济振兴再铸新的辉煌。

公益性科学研究与技术开发，关系国计民生，涉及多个领域，对一个国家和地区经济社会的可持续发展至关重要。要进一步加强辽宁公益性科研院所能力建设，推进院所加快建立和完善现代科研院所制度，进一步明确各类院所的功能定位，完善考核评价办法，加强以创新能力和服务水平为重点的绩效评价。要加大对其科研任务的稳定支持力度，营造有利于科技人员潜心研究的良好环境，要推动院所切实建立以聘用制与岗位管理为重点的人事制度和以体现能力与业绩为重点的收入分配制度，落实好人才激励政策，激发科研人员的创新活力。要采取定向培养、短期培训和开展课题研究等多种方式，加强创新人才的培养，促进高层次人才的集聚。

3. 全面优化科研院所发展的外部环境

政府主管部门要给予省属科研院所更大的自主性，不随便干涉研究机构正常的研究活动。政府对科研院所的管理应"完善制度供给，改革体制环境"，给科研院所在用人、绩效考核、分配、科研经费使用等方面更大的自主权，支持院所进行以需求为导向的学科调整，以高效精简为原则的运行机制创新，建立固定岗位与流动岗位相结合，开放、竞争的科研人才队伍，充分发挥科研院所凝聚科技资源的平台作用，增强科研院所的独立性和自主性以及研究人员的创造性。

要"扶勤扶强扶优"，为干事创业者提供政策、资金、条件、人才等全方位服务，对"等、靠、要"者，让他"等不到、靠边站、要不上"。对省属院所申报的项目，在国家项目申报上，适当放宽条件，优先推荐；在省级重大攻关项目上要有所倾斜；在平台建设、创新团队等专项中重点倾斜。为了缩小院所之间的不平衡，对于规模小、能力弱、想干事的院所，鼓励这些院所通过合作方式申报项目，同时在一些小额资助的计划中，给予政策倾斜。

进一步完善有利于转制科研院所产业发展的金融、税收等方面的政策。积极引导发展良好的转制科研院所进入资本市场，在转制科研院所的股份制改造、吸引投资的相关政策上给予倾斜。进一步落实转制科研院所享受到研发费用加计扣除等相关优惠政策，并加大对研发和产业化的税收支持力度。此外，由于挂靠在转制科研院所的质检机构，担负着为行业企业服务的职责，应给予专项资金支持，更新检测设备，扩大业务范围，提高收入，实现良性运转，并推动转制科研院所主辅分离。

4. 强化科研院所发展中人才优先战略

科研院所要牢固树立以人为本的理念和价值观，把人才培养作为促进院所发展的核心战略和根本出发点。要用好用活辽宁省出台的人才政策，制定相应的政策和奖励办法，要组建人才梯队，坚持引进、培养、使用相结合，重视对现有人才的培养，重点培养学科带头人和科技创新人才。一是实行"接需设岗，全员竞聘"的岗位聘任制度。制定岗位职责和任职条件，并定期考核，实现竞争上岗、优胜劣汰的用人机制。二是注重高层次人才，尤其是学术带头人的引进。可以依托国家以及省政府实施的"百千万人才工程""有突出贡献的中青年专家"等人才工程，引进一批领军人物，带动自身的学术发展。加强创新型人才队伍建设，重视科研人员尤其是青年科技人员的长期培养工作，力争解决好人才断层的问题。三是加强培养，提高现有人才队伍水平。在引进优秀外来人才的同时，加强对原有人才的选拔培养。鼓励年轻科技人员继续学习深造，参与国内外学术交流，更新知识，提高学术水平。四是建立科学、合理的评价体系。建立有效的提高科研人员创新能力的长效机制、研发投入机制和考核激励机制，切实增加科技人员的收入和相关待遇。结合岗位特点，建立与科研业绩挂钩的评价奖励机制。政府有关部门应继续通过创新团队、学科带头人、研究生基地建设计划，支持院所人才队伍建设。对运行机制好、具有持续创新能力的稳定性团队继续给予支持；对实力较弱的院所，只要能够提出好的人才发展方向，制定可行的措施和方案，就应优先考虑支持。

5. 有效整合科研院所的内外部资源

短期内从根本上改变辽宁科研院所分布不合理、创新资源分散等弊病存在很大的困难，但大力加强院所资源的整合，促进创新资源的共用共享，提升院所整体创新能力，显然非常必要而且切实可行。要打破这种封闭与分散式发展局面，就必须走开放合作之路，借助他人的条件来发展自己。要坚持"走出去、引进来"，加强与企业、高校合作，与地方合作，充分利用国际、国内两个市场、两种资源，加大项目、技术、资金，人才引进力度，借势、借力、借智、借资，在双赢和多赢的机制下，实现快速发展。一是要促进学科、领域相近或相同的科研院所加强相互之间的信息沟通和技术交流与合作，避免重复研究现象的再现。二是支持省属院所相互联合及与中直院所、高等院校联合申报研究项目，促进科研力量集成而形成合力，实现院所共同发展。三是鼓励省属院所积极参与省市科技基础条件资源平台（包括大型科学仪器设备、自然科技资源、科学数据、科技文献、网络科技环境等）建设，实现科技资源的共用共享，在一定程度上解决科研院所仪器设备等基础设施不足的问题。四是省属科研院所尤其是转制科研院所要关注科技部《关于推动产业技术创新战略联盟构建的指导意见》的新举措，主动走出去，与地方、企业、大学建立联合协作机制，可以共建实验室和实验基地，相互联合组织项目申报，实现科研人员的互聘。省属科研院所要整合优势学科和技术资源，通过成果转让、委托开发、共建技术研发机构和科技型企业实体等多种形式组建一批产学研创新战略联盟，联合开展产业关键技术、共性技术的研究和攻关，共同承接各级政府组织的重大研发项目，形成一批拥有自主知识产权的核心技术，提升企业和优势产业的核心竞争力。

6. 择优重点扶持一批省属科研院所做大做强

科研院所有别于企业的突出作用就在于其具有超前意识的研究开发，能够形成有利于产业竞争的技术储备，其技术成果的转移扩散能够带动一个产业的技术进步，其面向基层的各类服务能够促进多家企业的发展，因此在不断强调企业创新能力建设的同时，切不可忽视了对科研院所发展的支持。要以强化自主创新能力建设为出发点，在现有省属地方科研院所中，选择一批科技实力较强、业绩突出、在行业领域影响较大的地方院所予以重点支持，加快院所实验仪器设备更新，改善科研条件，引进高层次创新人才，提升科研水平和能力。要支持这些院所加强重点实验室、工程中心建设，鼓励他们同中直院所和高校联合共建，提升地方院所科学研究、技术开发与实施产业化的综合实力。省市科技计划项目的安排，要适当向这些院所倾斜，促进这些院所在解决重大科技问题的同时，锻炼人才队伍，加快做大做强。

7. 大力推进支撑作用性的研发平台建设

公共研发平台基于科技资源的共享和集成，是科技创新的重要基础条件和资源保障。要借鉴各地区成功经验，深入整合省内创新要素，广泛利用国内乃至国际智力资源，积极推进工业技术研究院等新型研发组织建设，提高辽宁科技创新综合实力，弥补现有省属科研院所力量的不足，为辽宁经济发展提供可靠支撑。要围绕战略性新兴产业和辽宁优势产业发展需求，借助中科院沈阳分院的科技力量，依托实力较强的开发性院所或转制院所，瞄准高端目标，以高标准构建平台。按照市场经济规律，建立科学合理的管理模式和运行机制。要广泛吸引国内外高端人才，实现与世界一流学术水平接轨，使研究院发展成为辽宁工业领域自主创新的技术策源地和研发领头羊，成为国内先进并在国际上具有较高知名度的一流科研机构，为加快创新型辽宁建设，为促进辽宁快速、健康、和谐发展做出重要贡献。

8. 加强对科研院所的宏观管理与指导

引导省属科研院所制订发展规划，明确发展方向和科研重点，健全科研管理制度，完善院（所）长负责制，加快建立现代科研院所制度。支持省属科研院所与职工建立新型劳动关系，深化人事与分配制度改革。支持省属科研院所建立创新绩效评价机制，隶属省属国有企业集团的省属改制科研院所，可由所属集团会同科技主管部门制定符合科研院所特点的考核办法。加快建立"职责明确、评价科学、开放有序、管理规范"的现代科研院所制度。建立有效的科研院所考核机制与制度，是加强院所管理的重要环节和基础工作，也是充分调动院所积极性、认真履行岗位职责、促进院所快速发展、提升院所整体实力的重要措施。要加强对院所年度综合绩效考核，确定每个院所年度考核目标，建立绩效考核指标体系，把生产经营、科研、管理等作为考核的重要指标，考核结果要作为院所负责人及其班子工作绩效评估、评选先进、干部调整和薪酬发放，以及对院所持续支持的重要依据。各院所也要把业绩考核作为加强管理、提高效益、增强竞争力的重要途径，在院所内部实行相应的考核办法，建立自上而下的院所发展责任体系和压力传递机制，充分调动院所广大干部职工的积极性。

第八章　辽宁实施创新驱动发展战略的政策支撑体系

中国的科技创新活动不是由市场自发组织的，而是一直在政府的主导下进行的，深深地打上了政策的烙印，每一个历史时期的创新活动背后都能找出政策的身影。新的发展阶段，创新驱动发展战略的实施和创新能力的提升都需要有创新导向型的政策体系作为支撑。促进科技创新的政策体系是一项系统而复杂的工程，需要政府职能的转变、宏观的政策体系构建和微观的制度设计，相关要素共同作用和有效参与科技创新活动。

一、创新驱动中政府职能的转变

（一）领先型与追赶型国家政府职能的转变

1. 领先型国家政府职能的转变

传统的西方资本主义社会，由于坚持经济与政治诸领域的自由主义意识形态，所以政府恪守"守夜人"的角色，通常并不主动介入经济活动，以免干扰市场的自由竞争甚至扭曲市场机制。但发生于 20 世纪 30 年代前期的世界性经济危机，却迫使西方政府逐渐改变了其在经济与社会发展过程中的消极角色，开始以一种相对更为积极的态度介入到经济活动中。如美国早在 1933 年就设立了直接对总统负责的"科学顾问小组"，就国家科技政策与法律的制定、执行及其运行效果等事项向总统汇报并提出建议。"该科学顾问小组的成立，不但开启了在联邦政府行政机构中设置总统直属科技政策单位的先例，而且其职能范围也极大地拓展了联邦政府原有科技与研发政策的辖区，树立起基于国家利益而不是自由市场原则来指导政府政策对科技活动进行干预的观念，为后来美国政府在科学研究和技术发展领域更加积极、主动的举措埋下了伏笔。"在此背景下,美国政府对于其经济发展过程的积极介入是较为广泛和深入的,具体的职能主要体现在稳定且有效的创新激励政策体系的建立与完善,创新的管理与监督机构的设置与运行,以及创新项目的确立与实施等诸多方面。

正是由于美国政府在上述领域的明显和适时的职能转变,其创新驱动发展战略才取得了巨大的社会成效。弗雷德通过对 1970—2006 年美国获奖创新数据的细致分析表明,1970 年之后,美国的科技创新主要就是源于联邦与州政府等的积极推动。而且在推动创新的过程中,政府与其他公共机构以及公共资金所实际发挥的作用还呈现出一种逐渐增大的趋势。有学者甚至认为,"一百多年来美国国家竞争力始终保持世界领先的地位,特别是 20 世纪 90 年代以来,美国的综合国力之所以能够全面增强,成为世界上唯一的超级大国,还在于美国政府在国家创新体系建设中发挥了举足轻重的作用。"而学者对德国创新发展过程的研究同样表明了,政府在科技研发体系的建立与经费的投入、国家骨干非营利科研机构的设置以及科技服务体系的维护等方面,都对创新驱动发挥着极为重要推动作用。

2. 追赶型国家政府职能的转变

与美国、德国等创新发展"领先型国家"相比较,新兴的创新发展国家如日本、韩国等,政府在推进创新驱动发展战略中的作用更为重要。例如日本,在 20 世纪 90 年代之前一直都属于模仿、追赶欧美创新发展的"追赶型国家",其实施创新发展的主要途径就是大规模地"引进、消化吸收、再创新"。在推进这种创新发展模式的过程中,"首先,政府为引进技术开绿灯。从政府到民间企业都认准了迅速缩小与欧美差距的捷径就是把先进的技术引进来。其次,抓紧宏观控制。政府透过技术评价,根据各时期国家发展重点,制定了严格的审批制度,强调引进项目的经济指标、产品出口比例和企业对引进技术的消化吸收能力等条件。"同样属于追赶型国家的韩国,政府对于创新的积极推动作用也非常关键,其权威学者就明确强调:"在工业化的初期,一个强大的政府和能干的技术官员是个重要的条件。"上述两类国家的创新驱动发展实践都表明,根据本国经济与社会发展的客观需要,并结合自身的经济与社会条件,积极地转变政府职能,从而为创新发展提供目标明确、供给及时且行之有效的公共服务是促进创新发展的重要前提保障。

(二) 领先型与追赶型国家创新驱动政策体系特征

成功实现了创新发展的国家,无论是领先型国家还是追赶型国家,其规范与保障创新驱动的政策体系都具有很大的共性特征，从理论与实践角度看其共性特征体现在以下三个方面。

一是确立基础性的政策体系。要根据市场经济发展的客观需要，确立起完善的、基础性的政策体系。创新驱动是一种经济发展方式，创新活动属于一种经济行为，而且主要发生在市场领域。因此，它必然需要有完善的市场主体制度（包括法人与非法人主体制度）、财产权制度（包括有形财产权与无形的知识产权制度）、市场交易制度、公平竞争制度、金融制度以及税收制度等一系列相关制度的支撑。这些市场经济的基本法律制度，其本身虽然并不仅仅是为了促进创新而设立的，但却构成了国家组织和实施创新驱动的基础性制度框架。这种法律框架能够为创新活动提供基本的、稳定的制度支撑，从而有助于促成持续性的、常态化的创新发展。

二是建立专门的创新政策体系。要根据本国创新驱动发展的客观需要，建立起专门适用于创新活动的政策体系。这些政策与法律大部分是通过专门的政策或法律文件确立的，个别情况下则是作为特殊规定，在前述基础性政策体系中予以确定的。例如作为追赶型国家的韩国，为了快速缩短与领先型国家在创新发展水平上的差距，首先确立的也是引进、消化吸收再创新的模式。正是基于这种具体创新模式的客观要求，韩国在 20 世纪 60—80 年代专门制定了诸如《技术引进促进法》《科学技术振兴法》《技术开发促进法》《特定研究机关育成法》《产业技术研究组合培养法》等一系列创新法律，形成了专门的创新政策体系，以此来鼓励和保障本国企业与研究机构的技术引进与研究开发行为。

三是制定和更新创新发展战略。要根据本国创新驱动发展的现实基础与远景要求，确立并适时更新兼具前瞻性与可行性的创新战略。这种发展战略的确定与更新，也大都是通过具体的政策性文件来实现的。例如韩国就是在 20 世纪 90 年代通过政府发布的《科学技术政策宣言》，从而确定了"从一个以技术引进为基础的追赶型国家向一个高效利用国外新兴技术和技术原创型国家的转变"。

（三）理论与实践启示

通过对国外领先型与追赶型国家创新发展过程及其政府职能转变的考察，可以发现创新驱动战略的形成以及有效实施都离不开政府的积极引导和有效参与。其原因主要在于以下两方面：首先，创新驱动从形式上看是通过科技进步来推动经济与社会发展的一种发展方式，但如果从内容上看，持续且有效的创新所需要的支撑条件是非常复杂的。例如：科技的研发需要有大量科技人员的参与，因此科技人员的培养亦即教育就成了实施创新驱动的一个先决条件。而教育属于公益性的事业，它的发展需要政府长期的、巨大的投入和支持。科技的研发还要具备必要的资金条件，因此就需要政府通过金融、财政、税收等一系列政策杠杆为其提供相应的资金支持。科技的研发还涉及不同的科研机构、企业以及科研人员的聚合、分工与协作，因此就需要政府直接或者间接地提供有效合作的机制与平台。在科技研发完成之后，还必须要通过研发成果的有效转化才能真正推动经济与社会的发展，这同样需要政府提供相应的平台以及制度支撑。其次，虽然从微观上看，创新主要是由数量众多的企业以及科研机构、科研人员等创新主体来负责实施的，但如果从宏观上看，政府基于对经济社会发展趋势与发展重点的判断与把握，并在此基础上所确定的具体创新发展战略是创新得以实施和推进的非常重要的支撑条件与规范机制。

二、国内创新驱动发展战略与地方性政策体系

（一）创新驱动发展战略的形成

新中国成立后的头 30 多年，我国实行高度集中的计划经济，政府主导的生产要素与资本的投入是推动经济增长的主要手段。改革开放后，随着生产技术水平的不断提高与整体经济实力的显著增强，对外贸易与消费渐次成为驱动经济增长的重要手段。由此，投资、出口与消费成为推动我国经济发展的"三驾马车"。它们促成了自 20 世纪 80 年代以来的 30 多年里，我国的经济发展保持了年均 10 %以上的增长速度，并使得综合国力得到显著提升。但这种发展模式也导致资源和环境付出了沉重的代价，经济与社会发展的可持续性所面临的挑战日益严峻。所以，转变经济增长方式，提高经济增长效率逐渐成为一项紧迫的议题。特别是 2008 年全球性金融危机爆发后，由于"外需增幅无法回至全球金融危机前；消费需求短期也难以大幅提升；投资需求受资源、环境以及政府债务等因素的约束，刺激空间也明显缩小"，导致支撑我国经济增长的"三驾马车"同时遭遇巨大挫折。正是在这种背景下，加速经济发展方式的转变，实行创新驱动成为全社会的共识。

创新驱动战略从提出到确立，经历了 20 多年。国家最先提出的是由粗放式发展向集约式发展转变的经济发展战略。早在 1987 年党的十三大报告中，

就提出要坚定不移地贯彻执行"注重效益、提高质量、协调发展、稳定增长"的战略。该战略的具体要求是努力提高产品质量，讲求产品适销对路，降低物质消耗和劳动消耗，实现生产要素合理配置，提高资金使用效益和资源利用效率。1995 年党的十四届五中全会通过了《中共中央关于制定国民经济和社会发展"九五"计划和 2010 年远景目标的建议》，文件明确提出到 2010 年要实现两个根本性转变：其一是经济体制从传统的计划经济体制向社会主义市场经济体制的转变；其二是经济增长方式从粗放型向集约型的转变。在 1997 年党的十五大报告中，依旧强调转变经济增长方式，改变高投入、低产出，高消耗、低效益的经济发展状况。

2007 年党的十七大报告，区别于此前仅关注经济在数量上发展的"转变经济增长方式"的表述，第一次明确提出更关注其在质量上发展的"转变经济发展方式"的战略目标。报告同时对发展战略的具体内容做出了清晰的阐述，即"两个坚持"和"三个转变"：坚持走中国特色新型工业化道路，坚持扩大国内需求特别是消费需求的方针；促进经济增长由主要依靠投资、出口拉动向依靠消费、投资、出口协调拉动转变，由主要依靠第二产业带动向依靠第一、二、三产业协同带动转变，由主要依靠增加物质资源消耗向主要依靠科技进步、劳动者素质提高与管理创新转变。至此，我国实行创新驱动发展的战略基本形成。2012 年，党的十八大报告更明确提出要实施创新驱动战略，强调科技创新是提高社会生产力和综合国力的战略支撑，因此必须将其置于国家发展全局的核心位置。至此，我国的创新驱动发展战略正式形成。

（二）国内创新战略的政策支撑体系

1. 宏观的政策体系构建

随着创新驱动发展战略的逐渐形成，支撑这一战略的政策体系也随之逐步确立起来。由于我国是单一制国家，所以从实际的效力等级上看，创新驱动政策体系主要由两部分内容组成：即国家层面的政策法律与地方层面的政策法规。通常而言，地方的创新政策法规是为了进一步贯彻国家的创新政策法律，而由各地结合自己实施创新的具体条件组织制定的。但由于创新驱动战略的形成和执行的时间都比较短，因此国家层面的政策法律并不是非常完备，这就在客观上给了地方发挥其能动性，在地方创新政策法规体系的建立与完善上进行摸索实验的较大空间。此外，由于各地实施创新发展的主客观条件又存在着比较大的差别，所以在地方创新驱动政策法规体系的构建上，就呈现出纵向上中央与地方统分结合，横向上各地优势发展的显著特色。

此前学者的实证研究已经有力地证明了，"作为制度性因素的法律制度正向影响了地区经济创新驱动的发展，不仅如此，实证结果还表明，法律制度对创新驱动发展的正向影响是比较大的，即制度变量每增加 1 个标准差，则地区经济创新驱动发展水平将增加 0.794 个标准差，即使控制各种因素对地区经济创新驱动发展的影响，制度对地区经济创新驱动发展的影响仍然是显著的。"

广东、江苏与浙江等地创新驱动的实际发展水平与创新政策法规体系的完备程度都比较高，其创新政策法规体系呈现出的特点主要有如下方面。

（1）地方性的创新驱动战略。结合本省实施创新的具体条件，因地制宜地确立地方性创新驱动战略，并以此来引导和规范本省的创新发展是三省在推动创新驱动战略中的共同举措。广东早在 2005 年即通过《中共广东省委广东省人民政府关于提高自主创新能力提升产业竞争力的决定》确立起本省的创新发展战略。2008 年，广东通过国家发改委批复的《珠江三角洲地区改革发展规划纲要（2008—2020 年)》来进一步引导本省全面提升创新能力。此后又陆续出台了《广东自主创新规划纲要》《广东省建设创新型广东行动纲要》《广东省促进自主创新若干政策》《关于提高自主创新能力提升产业竞争能力的决定》等一系列政策文件，来不断调整细化创新战略并完善创新政策体系。2016 年，又通过了《珠三角国家自主创新示范区建设实施方案（2016—2020 年)》，对本省的创新发展做出了最新规划。

江苏省在 2006 年出台了《中共江苏省委江苏省人民政府关于增强自主创新能力建设创新型省份的决定》，初步确定了本省的创新战略，之后通过《江苏省政府关于鼓励和促进科技创新创业若干政策的通知》进一步细化了创新战略。2011 年，又通过《中共江苏省委江苏省人民政府关于实施创新驱动战略推进科技创新工程加快建设创新型省份的意见》，及时更新了创新驱动战略。

浙江省也是在 2006 年出台了《中共浙江省委浙江省人民政府关于加快提高自主创新能力建设创新型省份和科技强省的若干意见》，确立起本省的创新驱动战略。

文件并不仅仅是规划出本省创新发展的意义、目标和方向等宏观问题。实际上，其所包含的内容非常翔实，基本上对创新发展的重点领域、具体措施以及保障条件等都做了细致部署。典型如广东的《珠江三角洲地区改革发展规划纲要（2008—2020 年)》，就对本地区创新发展的重要意义、总体要求和发展目标、构建现代产业体系、提高自主创新能力、推进基础设施现代化、统筹城乡发展、促进区域协调发展、加强资源节约和环境保护、加快社会事业发展、再创体制机制新优势、构建开放合作新格局以及规划实施的保障机制等一系列问题作了详细的部署。而广东省其后所制定的相关创新政策法规，基本上都是根据该"规划"的具体要求而进行的。在最新通过的《珠三角国家自主创新示范区建设实施方案（2016—2020年）》中，同样就自主创新示范区建设的总体要求、建设协同高效的区域创新格局、构建具有全球竞争力的产业新体系、全面提升区域自主创新能力、打造国际一流创新创业中心、全面推进体制机制改革创新与政策先行先试，以及自主创新的保障措施等相关问题作了详细规定。这种结合本省实际情况所制定的目标明确、内容全面的地方性创新驱动发展战略，对于推动本地的创新发展，特别是创新政策法规体系的建立与完善，具有非常重要的指引与保障作用。

（2）纲领性的创新法规。广东于2011年率先制定通过了我国第一部保障自主创新的纲领性法律文件《广东省自主创新促进条例》，学者认为："《条例》总结了广东多年来自主创新的经验成果，凝练广东创新政策的精华，将广东自主创新中的经验和政策上升为地方性法规，以法规形式确定了广东省区域创新体系框架，为广东营造创新政策环境提供了法制保障。"江苏和浙江虽然没有专门制定类似的"创新促进条例"，但都在2011年修订完善了各自的"科学技术进步条例"，并将其作为促进和规范本省创新活动的纲领性法律文件。从内容上看，这些支撑创新发展的纲领性法律文件，对本地科学技术的研发、科技成果的转化、创新人才的培养、创新平台的搭建、创新活动的激励与保障，以及创新过程中的法律责任承担等涉及创新驱动的基本问题都做了比较明确的规定，因而对进一步构建和完善创新驱动政策法规体系起到了非常重要的统领与支撑作用。

（3）配套的工具性政策法规。创新驱动发展除了需要宏观战略的引导与纲领性法律文件的支撑外，更需要有系统配套的具体制度予以规范和保障。因此三省后续制定或修订了大量配套的工具性政策法规，从而有效建立起了本省的创新驱动政策法规体系。以广东省为例，学者在2014年的研究中即已指出，"作为纲领性政策的重要配套，广东省出台43个工具型政策法规，包括产业、科技投入、税收优惠、金融支持、科技创新基地与平台、人才政策、创造和保护知识产权、政府采购等领域政策。"到2016年，这些配套政策法规的数量已经增加到约60项。在创新人才培养方面，就制定通过了《中共广东省委广东省人民政府关于加快吸引培养高层次人才的意见》《广东省引进高层次人才

"一站式"服务实施方案》《广东省中长期人才发展规划纲要》《广东省引进创新科研团队评审暂行办法》等一系列政策文件。在创新平台建设方面，也先后制定通过了《广东省工程技术研究开发中心管理办法》《广东省创新示范专业镇建设实施办法》《广东省技术创新专业镇管理办法》《关于省级企业技术中心的管理办法》《中共广东省委广东省人民政府关于加快高新技术产业开发区发展的意见》《广东省人民政府教育部关于加强产学研合作提高广东自主创新能力的意见》《关于深化省部产学研结合工作的若干意见》等政策文件。江苏与浙江两省，同样制定了大量政策法规来配合落实各自的"科学技术进步条例"。正是通过这些更为具体，因此也更具可操作性的政策法规的大量出台，三省才迅速构建起了自己的地方性创新驱动政策法规体系，从而为推动创新发展提供了较为完备的制度支撑。

（4）注重发挥政策的优势。在三省的创新驱动政策法规体系中，相对于地方性法规，政策文件在数量比重与调整范围上都占有绝对优势，约90%的创新保障措施都是以政策文件的形式提供的。之所以会出现这种情况，主要是因为创新战略的推进在各省都处于摸索阶段，所以在规范和保障创新的制度供给方式上，政策相对于法规就体现出更大的优势。首先，法律的制定，通常需要其调整的社会关系大致定型后才可以着手进行，因为这样才可以保证法律制度的稳定性。但创新驱动作为一种全新的发展战略，它所涉及的很多问题都属于"新生事物"，所涉及的各种社会关系也大都处于形成和变化过程中，还没有最终定型，所以很难通过法律的形式予以规范。而政策相对于法规而言更具灵活性特征，它可以先行制定，并可以在具体执行过程中随着实际情况的变化而及时修改，因而更适应于对创新发展的客观要求。其次，法律的制定与修改有严格的程序要求，通常要经过起草、审议、表决、通过以及公布等一系列必要程序。但政策的制定与修改程序却要比法律简单得多，因此相对更容易促成创新制度保障体系的快速形成与及时完善。所以在地方创新驱动政策法规体系的构建过程中，发挥"政策先行布置、法规适时跟进"的制度构建模式无疑是更为合理、可行且有效的选择。

（5）注重发挥相关部门的职能。创新驱动政策法规的制定与实施，涉及到的机关与部门非常多。除了地方党委、政府以及人大之外，更涉及众多的政府部门，如科学技术、发展改革、经济与信息化、人力资源和社会保障、财政、教育、农业、税务以及知识产权等。因此，充分发挥各个职能部门的作用对于保障创新驱动战略的有效实施就非常重要，因为它们在创新政策法规的具体制定与实际执行上的作用更为直接。在发挥相关职能部门对本省创新发展的促进作用上，广东的具体做法及其实际效果尤为突出。例如，创新人才以及科研团队的建设与管理，通常会涉及到党委的组织部门以及政府的人力资源与社会保障、财政以及科技等部门，所以在相关政策文件的制定和贯彻执行上，就要根据实际情况，积极发挥上述部门各自的职能。《广东省引进高层次人才"一站式"服务实施方案》就是由省人社厅发布的，而《广东省引进创新科研团队专项资金管理办法》则是由省委组织部、省财政厅与省科技厅联合发布的。再如，鼓励创新的税收优惠措施的具体确定和执行，涉及到科技、经贸与税务等部门，因此在相关政策文件的制定与执行上，就要注意发挥它们的职能。故此，《关于企业研发费税前扣除管理试行办法》就是由省科技厅、省经贸委、省国税局与省地税局联合发布的。而创新专项资金的审批、管理和监督，主要是财政部门的职责，因此像《广东省科技型中小企业技术创新专项资金管理暂行办法》《广东省科技型中小企业融资担保风险准备金管理暂行办法》等就是由省财政厅发布的。这种创新政策涉及哪个部门就由哪个部门制定发布，涉及多个部门就由多个部门联合制定发布的机制，对于各项创新政策的顺利出台与有效实施无疑具有极大的促进与保障作用。

2. 微观的制度设计

从微观的制度内容的角度看，广东、江苏与浙江三省份的创新政策法规呈现以下特点。

（1）确立创新多元激励制度。创新属于一种经济行为，因此创新驱动战略的实施，必须要构建起对企业、科研机构以及科研人员等创新主体的全方位的、有效的经济利益激励机制。从三省现行的创新政策法规来看，创新激励措施主要包括企业的股权激励、利润分红激励、科技人员身份保障激励，以及政府奖励、政府购买、财政专项资金支持、金融信贷支持以及税收减免支持等。而且在上述激励措施当中，有的还包括了更为细致具体的多种激励手段。例如对创新的税收减免支持，就包括了研究开发费加计扣除政策、促进高新技术企业发展政策、创业投资企业税收优惠政策、支持企业研发机构建设政策、技术转让营业税优惠政策以及扶持科技创业服务机构发展政策等。

（2）完善创新事后激励措施。创新既然属于经济行为，那必然在一定程度上存在着失败的客观风险。因此在政府支持和主导的创新活动中，为了提高激励措施的效率从而有效降低政府的风险，对创新主要采取事后激励就是非常必要的制度设置取向。在前述几种创新激励措施当中，财政资金支持、金融信贷支持与科技人员身份保障等属于对创新的事前与事中激励方式；而除此之外的股权激励、分红激励、税收减免、政府奖励以及政府购买等，基本上都属于创新事后激励方式。与此同时，三省还不断推出新的事后激励措施，例如广东省于 2015 年制定了《广东省科学技术厅广东省财政厅关于科技创新券后补助试行方案》《广东省科学技术厅广东省财政厅关于科技企业孵化器后补助试行办法》等政策文件，从而推出了新的财政后补助激励方式。

（3）加强对中小企业创新的扶持。鉴于中小企业在实施创新驱动战略中的重要作用，三省都制定了大量专门鼓励中小企业创新的政策法规。如江苏省在 1999 年即制定了《江苏省发展民营科技企业条例》，2009 年制定了《江苏省中小企业促进条例》，2012 年又通过了《江苏省科技厅江苏省财政厅关于鼓励和引导天使投资支持科技型中小企业发展意见》等。浙江省制定了《浙江省促进中小企业发展条例》《浙江省科技型中小企业认定管理办法》《浙江省高成长科技型中小企业评价指导性意见》等政策文件。广东省制定了《广东省促进中小企业发展条例》《广东省科技型中小企业技术创新专项资金管理暂行办法》《广东省科技型中小企业融资担保风险准备金管理暂行办法》等政策文件。通过这些政策和法规，为中小企业实施创新提供财政、金融、税收以及政府采购等方面的具体支持。

（4）强化对知识产权的保护。创新成果的法律形式是知识产权，因此，对知识产权的有效保护是促进创新的重要法律手段。学者强调："知识产权制度是技术创新的激励与保护制度，以及促进企业技术创新的法律机制，它既是国家创新体系的法律保障，也是企业技术创新政策体系的重要内容，是国家推进技术创新的核心政策与有效机制。"因此三省都专门制定了知识产权保护方面的相关政策法规，以进一步强化对创新成果的法律保护。如广东省在 2003 年制定了《广东省技术秘密保护条例》，2007 年又通过了《广东省关于自主创新产品认定的管理办法（试行）》。江苏省在 2009 年通过了《江苏省知识产权战略纲要》，同年 9 月又通过了《江苏省专利促进条例》。浙江省还在 2015 年制定通过了《浙江省专利条例》。

（5）推动创新成果的转化。创新成果必须要经过产业化才能将技术进步转化为实际的生产力，从而真正产生经济效益并推动经济社会的发展。广东省早在 2003 年即通过了《广东省技术市场条例》，通过完善市场交易平台来规范和促进科技成果的转化。2016 年又通过了专门的《广东省促进科技成果转化条例》，借此来鼓励和推动创新成果的产业化。江苏省在 2005 年制定了一系列的政策法规来推进科技成果转化工作，包括《江苏省技术市场管理条例》《江苏省人民政府关于建立全省农业成果转化和农业技术推广专项奖励制度的通知》《江苏省农业科技成果转化奖和农业技术推广奖奖励办法》《江苏省人民政府关于加快高新技术产业化的若干意见》，以及专门的《江苏省科技成果转化条例》等。2016 年，江苏省发布了《江苏省促进科技成果转移转化行动方案》，对本省的创新成果产业化工作做出了最新部署。浙江省在 2017 年制定了《浙江省省级科技成果转化引导基金管理办法》，以政府提供财政支持的方式加速推动创新成果的转化和应用。

（6）确定创新的产业重点。在组织实施本省的创新驱动战略中，三省都结合自己的优势条件确定了具体的创新发展产业重点。例如广东省在 2007 年通过的几项政策文件中，将现代农业、现代信息服务业和金融产业等确定为本省实施创新的重点产业。江苏省则通过一系列具体的政策文件，将软件业、集成电路产业、互联网平台经济、海洋经济以及现代农业等作为实施创新的重点产业。浙江省则以海洋经济示范区、国际商贸综合配套改革试验区以及产业集聚区等领域为其创新的重点。

三、辽宁省的创新政策法规及其完善

（一）创新驱动政策法规的现状

1. 创新政策法规的制定

（1）创新驱动战略的确立。辽宁在 2006 年通过了《中共辽宁省委 辽宁省人民政府关于提高科技创新能力加快老工业基地振兴的决定》，文件明确提出建设"创新型辽宁"的目标。同年，《辽宁省中长期科学和技术发展规划纲要（2006—2020 年）》发布。为了贯彻上述文件，省政府同年又发布了《关于提高科技创新能力加速老工业基地振兴的若干规定》，文件就激励企业成为技术创新主体、促进科技成果转化、加快高新技术及产业发展、建立人才激励机制，以及政府引导、统筹协调等问题做了全面的部署。2012 年，通过《中共辽宁省委 辽宁省人民政府关于加快推进科技创新的若干意见》对创新战略进行了调整，明确了之后的创新重点。2015 年又发布了《辽宁省科技创新驱动发展实施方案》，进一步更新了创新发展的主要目标、重点任务与工作措施等。

（2）纲领性创新法规的制定。依据本省的创新战略，结合实施创新驱动已取得的实践经验，辽宁于 2014 年通过了保障创新的纲领性法规《辽宁省自主创新促进条例》。该条例对创新原则、创新平台、成果转化、创新人才、创新保障以及实施创新的法律责任等重要问题都做了比较细致的规定。

（3）配套性政策法规的出台。为了配合落实本省的创新驱动战略，一些与创新发展密切相关的政策法规相继出台。如在创新人才培养方面，2008 年和 2009 年相继通过了《辽宁省实施"十百千高端人才引进工程"的意见》《辽宁省"十百千高端人才引进工程"实施办法》，2016 年又通过了《辽宁省科技成果转化成绩优异人员专业技术资格评定暂行办法》等。在创新成果转化方面，2015 年出台了《关于加快促进科技成果转化的若干意见》，2016 年又发布了《辽宁省人民政府关于进一步做好促进科技成果转化和技术转移工作的通知》，同年还对《辽宁省实施〈中华人民共和国促进科技成果转化法〉规定》做了第二次修订。在创新平台建设方面，2009 年制定了《辽宁省科技企业孵化器（高新技术创业服务中心）认定和管理办法》《辽宁省高新技术特色产业基地认定和管理办法（试行）》，2016 年又出台了《辽宁省人民政府关于加快构建大众创业万众创新支撑平台的实施意见》等一系列政策文件。

2. 现行创新政策法规的不足

虽然辽宁已经确定了本省的创新发展战略，并且也制定了相关政策法规来贯彻和落实该战略，但从整体上看，保障创新的制度构建工作在一定程度上仍然滞后于创新发展的客观要求。在新近发布的《辽宁省国民经济和社会发展第十三个五年规划纲要》当中，就明确指出了诸如体制机制弊端突出、创新创业环境欠佳、发展理念落后、民营经济实力不强、传统产业竞争力下降、战略性新兴产业和现代服务业发展滞后、自主创新能力不强、科技成果转化不畅、人才支撑不足，以及区域发展差距较大等推进创新战略中存在的一系列主要问题。从保障创新的政策法规的角度来看，不足之处主要表现为如下方面。

（1）创新战略的政策法规支持不充分。实际上就地方性创新驱动战略的出台时间及其具体的任务部署来看，辽宁与国内创新发展领先型省份的差距并不大。但是在战略执行了十年之后，辽宁的创新发展速度与水平却落后于这些省份。其中的原因之一，就是创新战略中所确定的一些内容没有进一步得到具体政策法规的有力支撑，有的战略内容甚至没有相应配套的政策法规，这必然会影响到创新战略的具体实施和有效推进。因为通过前面对国内外创新发展经验的比较分析我们知道，在组织和实施创新的过程中，宏观的创新战略属于一种顶层设计，因此它必须要有微观上具体的创新政策法规的相应支撑，才更易于落实。

在 2006 年辽宁省政府通过的《关于提高科技创新能力加速老工业基地振兴的若干规定》中，将辽宁的创新战略进一步细化为激励企业成为技术创新主体、促进科技成果转化、加快高新技术及产业发展、建立人才激励机制，以及政府引导、统筹协调等五大方面共 57 项具体内容。现在来看，这一创新战略文件确定的 57 项具体内容，有的得到了创新政策法规的进一步支持，但也有一些内容并没有获得这种支持。典型的如该文件提出了许多促进创新的激励措施，诸如税收优惠、国有土地出让金标准确定与缴纳优惠、政府奖励、政府采购、财政资金支持、金融信贷支持以及创新创业保险，等等，但很多的激励措施并没有在事后通过具体的政策法规予以明确化和规范化。当然，并不是说一项创新战略任务如果没有具体对应的创新政策法规的支持就无法予以实施。但缺乏相应的政策法规的确会极大地影响到该战略内容的实际可操作性。因为创新主体在实施创新的过程中，他从微观的、具体的创新政策法规中所获得的"行为预期"要远高于其从宏观的、概括的创新战略中获得的预期。而创新主体如果对创新活动及其成果的最终法律效果没有形成稳定的、明确的预期的话，当然会影响到他实施创新的积极性与主动性。而我们前面的分析也表明，广东、江苏与浙江等创新发展领先型省份非常普遍且有效的做法之一，就是尽可能地将各项创新战略内容予以政策化、法律化，以便为创新活动提供相对更为确定和可行的指导与保障。

（2）创新政策法规体系不完善。辽宁已经制定了保障创新的纲领性法规以及一些配套的工具性政策法规，但是与广东、江苏、浙江等省比较，在创新政策法规的体系化建设上还存在一定的差距。具体表现在两个方面：其一是配套支撑的政策法规的数量与覆盖面还存在不足；其二是相关部门在创新政策法规制定上的职能发挥还不充分。横向比较来看，广东省在"自主创新促进条例"颁布后的 3 年里，正式出台的配套性创新政策法规就达到 43 项之多。从覆盖面上看，根据学者的统计："其中产业政策数量较多，8 个政策占比的 18%，6 个人才队伍建设政策占比的 14%，科技投入和科技基础平台建设政策均为 5 个，占比 12%，4 个金融支持政策占比 9%，政府采购、税收激励、产学研、引进消化吸收再创新政策共 12 个，分别占比 7%，组织保障型政策和知识产权政策分别占比 5% 和 2%。"到 2016 年，广东的省级创新配套政策法规数量已近 60 项，此外还有大量地市级的创新政策法规。辽宁明确针对自主创新促进条例的配套政策法规从数量与覆盖面上与其比较，还存在着不小的差距。

从相关政府部门在创新政策法规制定中的职能发挥来看，虽然《辽宁省自主创新促进条例》第3条明确规定："发展改革、经济与信息化、人力资源和社会保障、财政、教育、农业、税务、知识产权等有关部门在各自职责范围内，负责相关的自主创新促进工作。"但实际情况表明，上述部门在创新政策法规的制定上并未充分发挥各自的职能，因此仍有进一步发挥的必要与可能。典型如产学研结合方面，尽管学者强调"产学研合作是将社会不同分工、资源禀赋优势差异化的教育机构、研发机构与企业结合起来，以实现技术、资源上的集成和优化；是将处于技术创新价值链上、下游参与主体之间对接与耦合的一种体现。产学研合作对于辽宁省创新驱动发展战略的实施、对辽宁以企业为主体的创新体系的形成应发挥重要推动作用"，但因为产学研结合这种创新平台的建设涉及教育与科研机构、科研人员、企业三种不同创新主体之间性质复杂且形式多样的权利与义务关系的界定与平衡，所以客观上需要教育与科研主管部门、人力资源与社会保障部门、科技部门以及组织部门等配合出台相关的具体政策，以理顺三者在结合过程中所发生的各种法律关系，从而促进科技的研发以及成果的有效转化。但在省政府2013年出台的《辽宁省人民政府关于进一步促进产学研合作工作的意见》基础之上，上述相关部门并没有依据我省产学研结合的具体推进情况，特别是针对国有企业与民营企业在与高等院校与科研机构及其科研人员的创新合作中所实际存在的非常大的体制性差异，进一步配合出台更具可操作性的政策文件。

（3）创新激励制度实效性不足。创新既然是一种经济行为，就必然要受基本经济规律的支配。故而，经济上的"成本—收益"考量必然是影响各类创新主体是否愿意实施创新，以及创新能否最终获得成功的一项重要因素。换言之，科研机构、科研人员以及企业等创新主体必须能够依据相关政策法规预期到创新活动可以为其带来实际的和更多的经济收益，才愿意去实施创新。所以，有效的创新激励措施对于创新战略的顺利推进就是非常重要的。这里所谓"有效"，主要是指政府所推出的各类激励措施能够真正促使创新主体积极实施创新并最终取得创新成果。但通过对现行创新政策法规所确立的各种创新激励制度的比较考察，我们发现一些创新激励措施的实际执行效果可能并不理想。例如，创新政策法律文件都强调创新应坚持以企业为主体的原则，但实际上各种创新激励措施却主要是围绕着国有企业而设置的。可前面的分析已经指出，无论是在国外还是国内，从对实施创新的主观积极程度以及对创新的客观贡献程度等方面来看，非国有的中小企业的作用都更为重要。这样的话，创新激励制度所能够发挥的实际效果就受到了很大限制。典型的如股权激励与利润分红激励，其执行的实际效果的限制在于如下三点。首先，这两种创新激励措施的适用对象存在范围限制，即它们只可适用于国有企业而无法适用于非国有性质的企业，因为政府制定的创新政策和法规无法强制要求非国有性质的企业以这种形式来鼓励其员工实施创新。其次，即使对于国有企业，这些创新激励措施的实施效果也不一定是非常好的，因为它们都要受到该企业实际盈利状况的客观限制。换言之，如果企业的盈利状况不佳，那这些激励措施给具体创新人员带来实际经济收益的可能性是非常低的。这样的话，它们就无法起到普遍地激励创新的预期效果。最后，这些激励措施的实施效果可能还会受到企业的具体法律组织形式的实际限制。像股权激励，企业的组织形式是股份有限公司还是有限责任公司会对其员工因创新而获得的股权奖励的实际"变现"有非常大的影响，有限责任公司股权变现的能力要明显弱于股份有限公司。相应地，股权奖励对于有限责任公司员工的创新激励作用就弱于股份有限公司。

（二）创新驱动政策体系的完善

1. 明晰创新驱动发展战略性

创新驱动战略对于创新发展具有非常重要的规划、指导与支撑作用，辽宁也一直重视通过省委、省政府发布相关政策文件来引导本省的创新发展。地方性创新驱动战略，应当兼顾前瞻性与可行性，并在此基础上制定长、中、短期的创新发展具体规划。辽宁规划创新战略的最新政策文件是 2015 年颁布的《辽宁省科技创新驱动发展实施方案》，鉴于《辽宁省中长期科学和技术发展规划纲要（2006—2020 年)》即将执行期满，而中央于 2015 年和 2016 年又分别出台了《中共中央 国务院关于深化体制机制改革加快实施创新驱动发展战略的若干意见》《"十三五" 国家科技创新规划》，因此辽宁应以中央的最新创新战略规划为指导，结合本省实施创新发展以来取得的成就、奠定的基础以及存在的不足，制定新的中长期创新发展战略规划。需要注意的是，虽然是辽宁省地方性创新战略的更新，但具体创新战略任务的布置与目标的设定等，应当建立在对辽宁以及国内其他省份创新发展的现状、趋势以及国内外市场需求等相关情况的尽可能全面、科学和客观评估的基础之上，将 "以市场为导向" 的创新发展原则落到实处，从而尽量避免出现重复性的、超出市场客观需求的无效创新。

　　此外，考虑到国家在 2016 年又通过了《中共中央 国务院关于全面振兴东北地区等老工业基地的若干意见》，所以辽宁省中长期创新战略的制定，一定要充分利用国家为支持老工业基地振兴而提供的各种利好措施，以进一步夯实创新基础，包括制度、技术与物资等方面的基础条件；优化创新格局，特别是国有大中型企业与非国有的中小企业在创新发展中的地位、作用以及具体支持措施等，以切实解决国有大中型企业创新能力强但创新压力小，而非国有的中小企业创新压力大但创新能力弱的难题，将"以企业为主体"的创新发展原则全面贯彻下去。

　　最后，创新战略还应继续着力理顺高等院校、科研机构、科研人员与企业之间在创新合作中的各种责权利关系，真正形成有效的产学研协同创新机制。特别是如何通过有效的制度设计将高水平的科研人才配置到非国有的中小企业中，从而将"产学研相结合"这一创新发展原则所蕴含的价值充分发挥出来。

　　2. 完善创新驱动政策法规体系

　　（1）及时修订纲领性创新法。创新驱动属于新生事物，发展变化快，而它又需要有相应制度的规范和保障，所以各省保障创新的地方立法大都坚持宜粗不宜细的原则。这种法律现状就要求地方根据自己在推进创新战略过程中所取得的具体经验与教训，对相关法规进行及时和必要的修改与补充。例如，广东在《广东省自主创新促进条例》施行了五年之后，于 2016 年对它进行了 26 项修订。辽宁的《辽宁省自主创新促进条例》虽然颁布仅两年多，但考虑到本省创新发展的客观需求与该条例自身存在的一些不足，也应及时进行修改或者出台"实施细则"予以补充。

　　作为保障本省创新发展的纲领性文件，应当根据实施条件的允许情况，尽可能将创新战略文件所确定的各项内容明确规定下来，以利于其实际落实。在内容的具体设计上，应尽可能实现相关规定的明确化与刚性化，以提高可执行性。例如在创新保障方面，《辽宁省自主创新促进条例》第三十二条规定：全省科技研究开发经费应当逐年增长，占全省生产总值的比例应当高于全国平均水平。但是，该条对于研发经费增长的具体标准却没有做出明确规定。对比而言，《广东省自主创新促进条例》第五十四条第二款规定：引导社会加大对自主创新的投入，逐步提高研究与开发经费占地区生产总值的比例，2015 年全省应当达到 2.3% 以上，此后应当逐步增长。《浙江省科学技术进步条例》第 46 条第 2 款规定：省、市、县（市、区）科学技术经费的增长幅度高于本级财政经常性收入的增长幅度一个百分点以上；到 2015 年，省、市、县（市、区）财政用于科学技术经费占本级财政经常性支出的比例应当分别达到8%、4.2%和3.2%以上；2015年后，随着经济发展和财政收入的增长，应当提高财政用于科学技术经费占本级财政经常性支出的比例，具体比例由省人民政府另行规定。就三省纲领性创新法规对保障研发经费的具体规定来看，广东与浙江的规定明显要比辽宁的更明确、具体和刚性，因而也更易于遵守、执行和监督。《辽宁省自主创新促进条例》的修订完善，就是要尽可能将诸如此类的模糊规定予以明确化，从而提高该法规的规范性和可操作性。

最后，应强化创新激励与创新责任的相关规定。实施创新驱动，必须要在法律上构建起相应的激励与约束机制。从正面来看，必须要有健全有效的激励制度来鼓励创新，所以各省的创新法规在具体制度设计上都非常重视激励措施的不断完善和强化。例如广东省修改后的《广东省自主创新促进条例》对于职务创新的奖励做了如下规定：高等学校、科学技术研究开发机构未规定、也未与科技人员约定奖励和报酬的方式和数额的，按照下列标准对完成、转化职务创新成果做出重要贡献的人员给予奖励和报酬：将职务创新成果转让、许可给他人实施的，应当从该项成果转让净收入或者许可净收入中提取不低于百分之六十的比例；利用职务创新成果作价投资的，应当从该项成果形成的股份或者出资比例中提取不低于百分之六十的比例；将职务创新成果自行实施或者与他人合作实施的，应当在实施转化成功投产后连续三至五年，每年从实施转化该项成果的营业利润中提取不低于百分之五的比例。此外还规定：国家设立的高等学校、科学技术研究开发机构对完成、转化职务创新成果的人员给予奖励和报酬的支出计入当年本单位工资总额，但不受当年本单位工资总额限制、不纳入本单位工资总额基数。与该《条例》修改前的规定相比较，广东大幅提高了对完成和转化职务创新相关科研人员的奖励额度，同时为了理顺科研人员与所属单位之间的关系以保障奖励的实际兑现，还相应解除了对职务创新单位在职工工资总额上的法律约束。所以，辽宁应当在地方财政条件允许的情况下，适当加大对创新的激励力度，以进一步激发各类创新主体的创新积极性。此外，从相反的一面来看，也要相应完善保障创新的各种法律责任制度，通过合理且有效的责任机制来约束和惩罚创新驱动中的消极懈怠行为与其他违法行为。例如《辽宁省自主创新促进条例》第七条规定：国有企业应当根据盈利情况逐步增加科技研发投入经费。其技术创新投入、能力建设、成效以及知识产权产出与应用等，应当纳入对国有企业负责人的业绩考核范围。这一规定将创新确定为国企负责人必须履行的法律职责，对于解决国有企业在实施创新中动力与压力不足的问题具有重要作用。但同时我们也看到，条文在国有企业创新投入的具体比例、创新能力建设及其成效、知识产权产出及其应用的实际标准，以及违反上述规定后的具体责任承担方式等方面都缺乏量化的、可执行的内容规定，因此仍需进一步完善才可以充分发挥其制度功能。

（2）加快完善工具性创新政策法规。《辽宁省自主创新促进条例》是保障辽宁创新驱动战略实施的纲领性法规，它的有效执行还需要有相应的工具性创新政策法规来支撑和配合。由纲领性法规与配套的工具性政策法规组成完善的创新政策法规体系，才能为创新提供全面的制度保障。根据该《条例》的规定与目前相关创新政策法规的配套情况，需要进一步制定或完善的工具性政策法规主要涉及如下内容：一是创新人才建设方面，包括创新人才出入境与户籍管理办法、创新人才社会保障管理办法、高等院校、科研机构与企业之间创新人才双向兼职管理办法、创新人才业绩考核与职务评聘办法、协同创新团队管理办法等；二是创新平台建设方面，包括创新型中小企业的认证与管理、国有企业研发经费的投入与管理、国有企业负责人创新责任的确定与管理、企业研发机构的设置与管理、产学研结合与管理、国有科研设备、技术文献、科学数据的共享与管理等；三是创新成果转化方面，包括高等院校与科研机构创新成果转化的资助与奖励办法、中小企业创新成果转化的资助与奖励办法、国有企业创新成果转化的奖励办法、职务创新的奖励办法等；四是创新保障方面，包括创新的金融支持办法、外资资助创新的管理办法、科研项目人力资源成本费管理办法、财政后补助办法、创新项目建设用地管理办法等。通过这些创新政策法律文件的制定或修订，从而建立起相对完善的创新政策法规体系。

（3）积极发挥创新政策的重要作用。在辽宁创新发展的制度保障上，我们也应坚持"政策先行、法规跟进"的制度构建原则，通过及时制定与更新相关的创新政策来规范和保障创新活动，在立法时机成熟时再将政策法律化。政策的灵活性是一把"双刃剑"，它易于及时修改的特征也可能会影响到创新主体对其创新行为特别是创新行为法律效果的合理预期，进而影响到创新战略的具体实施。所以，创新政策本身应当维持最大限度的稳定性，同时考虑建立政策变动的预警机制，当创新政策计划进行修改时，相关部门应设定合理的期间予以提前预警，以便创新主体能够及时调整其创新计划与创新行为。此外，还应建立新旧创新政策的衔接机制，防止或者减少因政策变化而对创新主体造成现实以及潜在的经济损失。

（4）重视制度设计的合理性。保障创新的各项制度，应在有效促进创新发展的同时，尽可能降低制度的实施成本与失败风险。例如辽宁省目前还在组织实施针对中小企业创新项目的专项财政支持，这种政府主导的直接的事前激励虽然是对中小企业实施创新的重要扶持措施，但是其监督成本却比较高，而且失败的风险难于控制。通过对国内外创新激励制度的比较研究，发现其发展呈现以下趋势：一是以事后激励措施为主，如政府采购、税收优惠以及创新券制度等；二是事前激励措施，也由政府直接提供财政支持转变为由政府设立的基金提供对企业创新项目所需资金的金融担保。这种制度设计的相对合理性在于：首先，引入了市场机制，由创新企业与金融机构两个平等的市场主体就创新项目所需资金的申请、发放、使用、监督以及返还等事项通过自愿协商予以确定；其次，政府的扶持措施是提供担保，从而由法律上的直接当事方退为间接当事方。这样可以相对降低政府的风险，同时将金融机构引入对贷款企业创新行为的监督当中，从而加大其实施创新的压力。政府的直接财政支持，则主要放在对基础性项目以及弱势产业的创新扶持上。

（5）优化创新政策法规的普及机制。创新政策法规面向社会，特别是众多潜在创新主体的有效宣传与普及是落实创新战略的重要步骤。但即使在创新发展领先型省份中，也存在着相关政策法规普及程度不够的问题。如广东的一项调查研究表明，"对门类众多的工具性创新政策，省内企业的知晓度和真正享受到政策的兑现率甚至未达到60%的合格线"。所以，做好辽宁省创新驱动政策法规的宣传与普及工作，是推动创新战略的当务之急。建议筹建全省统一的创新服务网络平台，其主要功能是：一是提供权威、统一、全面且便捷的创新政策法规发布与查询服务；二是提供与创新活动相关的各种公共服务的有效链接。借助于互联网的技术优势，这一平台不仅可以提高创新政策法规的宣传普及程度，而且可以简化与创新活动有关的办事流程，提高创新公共服务的效率。此外，还可以积极发挥省科学技术部门的职能优势，做好辽宁省创新政策法规的汇编与整理工作，并会同工商、税务、农业、教育等相关部门，及时全面地向科研机构、高等院校、科研人员以及企业等相关创新主体发放汇编材料，力争做到创新政策法规宣传与普及的全覆盖。

主要参考文献

[1] 熊彼特.经济发展理论[M].何畏,等译.北京:商务印书馆,1990.

[2] 迈克尔·波特.国家竞争优势[M].李明轩,邱如美,译.北京:华夏出版社,2002.

[3] 彭德琳.新制度经济学[M].武汉:湖北人民出版社,2002.

[4] 傅家骥.技术创新[M].北京:企业管理出版社,1992.

[5] 汪应洛.系统工程学[M].北京:高等教育出版社,2007.

[6] 陈洁.国家创新体系框架与运行机制研究[M].上海:上海交通大学出版社,2010.

[7] 王燕.区域自主创新论[M].北京:科学出版社,2012.

[8] 陈辉,徐根兴.中国区域创新体系建设的途径与选择[M].北京:中共中央党校出版社,2006.

[9] 丁堃.开放式自主创新系统理论及其应用[M].北京:科学出版社,2010.

[10] 丁焕峰.学习与区域创新发展[M].北京:中国经济出版社,2006.

[11] 杜军.企业自主创新支持系统:运行机制·作用机理·系统仿真[M].哈尔滨:哈尔滨工业大学出版社,2012.

[12] 顾新,王元地,杨雪.中国区域创新体系发展的理论与实践[M].北京:经济管理出版社,2014.

[13] 柳卸林,吕萍,程鹏,等.构建均衡的区域创新体系[M].北京:科学出版社,2011.

[14] 厉以宁.区域发展新思路[M].北京:经济日报出版社,2000.

[15] 何传启,张凤.知识创新:竞争新焦点[M].北京:经济管理出版社,2001.

[16] 陈宇学.创新驱动发展战略[M].北京:新华出版社,2014.

[17] 盖文启.创新网络:区域经济发展新思维[M].北京:北京大学出版社,2002.

［18］ 吴敬琏.中国增长模式抉择［M］.上海:上海远东出版社,2008.

［19］ 陈强,余伟.创新驱动发展国际比较研究［M］.上海:同济大学出版社,2015.

［20］ 赵黎明,冷晓明,等.城市创新系统［M］.天津:天津大学出版社,2002.

［21］ 李青,李文军,郭金龙.区域创新视角下的产业发展:理论与案例研究［M］.北京:商务印书馆,2006.

［22］ 中国创新型企业发展报告编委会.中国创新型企业发展报告2012［M］.北京:经济管理出版社,2013.

［23］ 沈志渔,肖红军,赵剑波,等.创新型企业研发支撑体系模式研究［M］.北京:经济管理出版社,2014.

［24］ 韩红,张叶菲,李伟.辽宁创新型企业成长研究［M］.沈阳:辽宁大学出版社,2011.

［25］ 赵昌文.科技金融［M］.北京:科学出版社,2009.

［26］ 佩雷斯.技术革命与金融资本:泡沫与黄金时代的动力学［M］.田方萌,等译.北京:中国人民大学出版社,2007.

［27］ 张发余.构建区域创新系统应注意的几个问题［J］.经济纵横,2001(4):13-16.

［28］ 周振华.论城市综合创新能力［J］.上海经济研究,2002(7):42-49.

［29］ 胡树华,牟仁艳.创新型城市的概念、构成要素及发展战略［J］.经济纵横,2006(8):61-63.

［30］ 张洁,刘科伟,刘红光.我国主要城市创新能力评价［J］.科技管理研究,2007(11):74-77.

［31］ 张凤荣,金俊武,毛薇.区域创新系统与东北地区振兴策略研究［J］.当代经济研究,2004(6):50－53.

［32］ 徐仕政.基于比较优势的区域优势产业内涵探究［J］.工业技术经济,2007(2):12-15.

［33］ 孙畅,吴立力."区位商"分析法在地方优势产业选择中的运用［J］.经济论坛,2006(21):12-13.

［34］ 宋德勇,李金滟.论区域优势产业的作用机制与培育途径［J］.理论月刊,2006(3):73-76.

［35］ 石庆焱.区域比较优势产业科技资源配置研究:以东北地区为例［J］.科

技管理研究,2005(10):8-12.

[36] 陈春明,金大伟.我国创新型企业发展对策研究[J].学习与探索,2006
(5):195-197.

[37] 王志刚.健全技术创新市场导向机制[J].求是,2013(23):39-32.

[38] 张凤海,侯铁珊.技术创新理论评述[J].东北大学学报(社会科学版),
2008,10(2):101-105.

[39] 谭英俊.试论构建有效的公共政策执行机制[J].中共济南市委党校学
报,2004(3):9-12.

[40] 江苏省政府研究室课题组.为建设创新型省份提供制度保障:构建江苏
省科技创新体系研究[J].经济研究参考,2007(57):26-39.

[41] 陈继勇,胡艺.美国的技术创新与贸易竞争力之关系:一项基于实证的研
究[J].经济管理,2006(15):84-89.

[42] 房汉廷.关于科技金融理论、实践与政策的思考[J].中国科技论坛,2010
(11):5-10.

[43] 周世举.关于福建科技进步与创新的战略思考[J].福建论坛(人文社会
科学版),2005(5):108-110.

[44] 张炜,杨选留.国家创新体系中高校与研发机构的作用与定位研究[J].
研究与开发管理,2006,18(4):97-103.

[45] 魏宜瑞.转制科研机构企业化发展模式初探[J].中国科技论坛,2003
(1):36-38.

[46] 张超玉,纪建悦.矩阵式组织结构模式在科研机构中的应用探讨[J].甘
肃社会科学,2005(3):238-240.

[47] 王建翔.共性技术与企业利益结合是必由之路[J].中国科技论坛,2001
(1):4-6.

[48] 王锦生.辽宁科研院所科技创新能力分析[J].合作经济与科技,2012
(2):34-35.

[49] 陈强.转型期中国国有科研院所的改革问题研究[D].南京:南京理工大
学,2005.

[50] 吕静.山西省开发类科研院所转制存在问题及对策[J].山西科技,2008
(1):8-9.

[51] 余宏俊.科研院所的薪酬制度设计研究[J].科技进步与对策,2002,19

（1）:97-98.

[52] 金荣学,李红玲.技术开发型科研机构转制中的联盟战略及其特点分析[J].科研管理,2005,26(1):9-13.

[53] 顾海兵,李慧.美国国立科研机构研究与借鉴[J].科学中国人,2005(3):52-54.

[54] 韩一萌.金融创新背景下中国科技金融的发展出路探析[J].江苏科技信息,2015(1):16-18.

[55] 王吉发,敖海燕,陈航.辽宁省科技金融现状及发展对策研究[J].中国商论,2014(29):152-154.

[56] 林三强,胡日东,张秀武.我国金融结构体系促进技术创新的实证分析[J].科技管理研究,2009(5):294-295.

[57] 贾康,孟艳,封北麟,等.财政支持科技支行的杭州经验及启示:杭州银行科技支行调研报告[J].经济研究参考,2014(25):15-23.

[58] 付剑峰,郭戎,张明喜.地方科技和金融结合促进科技成果转化的创新实践与启示[R].北京:中国科技战略研究院,2011.

[59] 詹正茂,于君博.美国科技与研发政策述评[J].科学管理研究,2010,28(3):69-74

[60] 杨东德,滕兴华.美国国家创新体系及创新战略研究[J].北京行政学院学报,2012(6):77-82.

[61] 孙殿义.政府在国家科技创新体系中的作用:德国创新体系建设对我国的若干启示[J].政策与管理研究,2010,25(2):191-194.

[62] 周文莲,周群英.试析日本国家创新体系的现状和特点[J].日本研究,2007(3):42-46.

[63] 查志强.借鉴江苏经验推进创新国际化[J].浙江经济,2012(20):9.

[64] 赵志耘.创新驱动发展:从需求端走向供给端[J].中国软科学,2014(8):1-5.

[65] 邵传林,徐立新.创新驱动发展的制度性影响因素研究:基于中国省际层面的实证检验[J].北京邮电大学学报(社会科学版),2015,17(4):69-76.

[66] 龙云凤.广东省创新政策环境现状及问题分析[J].科学管理研究,2014(15):29-34.

［67］ 林宏.浙江省与兄弟省市科技创新政策比较分析［J］.统计科学与实践，2013(5):7-8.

［68］ 冯晓青.论知识产权制度对技术创新的促动作用［J］.河北学刊,2013,33(2):149-153.

［69］ 冯凯荣,尹博,夏茂森.辽宁创新驱动发展战略实施情况及对策分析［J］.辽宁经济,2014(10):26-28.

后　记

当翻看着书稿打印本，审视着自己辛勤工作的成果，马上要交付出版社，出版自己的"第一本书"之时，内心充满了喜悦与感激。

已过而立之年的我，也开始感叹时光飞逝了。还有不到一个月的时间，我到党校工作就要满10年了。至今，我还清晰地记得自己大学毕业后刚来沈阳这座陌生的城市、到党校这个温暖大家庭的情形，清楚地记得自己刚参加工作时，除了在学校读的那点书、掌握的那点理论外，对辽宁省情的认知基本处于空白状态，以致都不好意思说自己在"省情研究所"工作。10年的时间，在不扔掉那点书、不丢掉那点理论的同时，自己也在努力弥补"从校门到校门"的短板，珍惜每一次调研、每一次座谈和每一次可能学习与了解省情的机会。2013年，受学校委派，我到省科技厅挂职锻炼，让我对于辽宁的省情，特别是科技创新工作有了更加深入的直接的了解。此后，我围绕着创新驱动发展战略和辽宁的创新发展问题进行了一系列的研究，先后主持完成了中央党校重点调研课题、省社科基金重点项目和省软科学研究重点项目等，也积累了一定的研究成果。从去年开始，自己有了"系统整理已有的研究成果，出一本书"的想法。一年多的光景，时间在一点一点地流逝、内容在一点一点地充实。今天，案头终于有了这一摞自己还算满意的书稿，确有一点喜悦和激动。

喜悦与激动之余，更多地还是感激。感谢省委党校给予我如此好的平台和机遇，感谢各位校领导对我的提携与关爱，使我这样一个年轻人在成长的道路上少走了许多弯路，感谢党校的每一名同事对我无私的关心和帮助。感谢省科技厅政策处的各位领导和同事在我挂职锻炼期间对我的指导与帮助，正是这一年多的挂职锻炼让我明确了自己的一个重点研究方向，也积累了书稿所依托的基础材料和相关成果。感谢我的家人为我付出的点点滴滴，让我可以更好地工作与生活。在此，我想由衷地对你们每一人道声谢谢！

　　诚然，由于自己水平和能力存在不足，书中难免存在若干不完善甚至不准确的内容。在此，敬请大家多多批评指正，让我可以在充实与完善中不断地提升。

邢军伟

2018 年 5 月 10 日